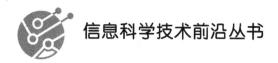
信息科学技术前沿丛书

面向无线视频业务的边缘资源调度技术

代健美 著

北京邮电大学出版社
www.buptpress.com

内 容 简 介

随着在线/移动社交媒体和移动网络的快速发展,移动视频业务种类更加多样,视频数据速率、分辨率、帧率越来越高,导致移动视频数据流量急剧增加,传统无线网络将很难满足用户高质量视频通信的需求。本书以提升无线视频业务性能、降低无线网络负载为目标,从构建面向视频业务的新型无线网络传输架构,应用缓存、多播等技术减少视频流量冗余的角度,研究了面向普通视频、可伸缩视频编码(Scalable Video Coding,SVC)视频、虚拟现实(Virtual Reality,VR)视频等业务的无线边缘缓存优化方案及侧链路辅助的无线多播优化方案,对实际工程实践具有重要的借鉴和参考意义。

图书在版编目(CIP)数据

面向无线视频业务的边缘资源调度技术 / 代健美著. -- 北京:北京邮电大学出版社,2023.4
ISBN 978-7-5635-6905-2

Ⅰ.①面… Ⅱ.①代… Ⅲ.①移动网-应用-传播媒介-研究 Ⅳ.①G206.2

中国国家版本馆 CIP 数据核字(2023)第 055920 号

策划编辑:姚 顺 刘纳新	责任编辑:满志文	责任校对:张会良	封面设计:七星博纳	

出版发行:北京邮电大学出版社
社　　址:北京市海淀区西土城路 10 号
邮政编码:100876
发 行 部:电话:010-62282185　传真:010-62283578
E-mail:publish@bupt.edu.cn
经　　销:各地新华书店
印　　刷:北京虎彩文化传播有限公司
开　　本:787 mm×1 092 mm　1/16
印　　张:9.25
字　　数:225 千字
版　　次:2023 年 4 月第 1 版
印　　次:2023 年 4 月第 1 次印刷

ISBN 978-7-5635-6905-2　　　　　　　　　　　　　　　　　定　价:49.00 元

· 如有印装质量问题,请与北京邮电大学出版社发行部联系 ·

前　言

随着在线/移动社交媒体和移动网络的快速发展，移动视频业务种类更加多样，视频数据速率、分辨率、帧率越来越高，导致移动视频数据流量急剧增加，传统无线网络将很难满足用户高质量视频通信的需求。构建面向视频业务的新型无线网络传输架构，应用缓存、多播等技术减少视频流量冗余，是降低无线网络压力的有效途径，具有重要的研究价值。

本书从提升无线视频业务性能、降低无线网络负载的角度，给出了面向普通视频、可伸缩视频编码（Scalable Video Coding，SVC）视频、虚拟现实（Virtual Reality，VR）视频等业务的新型无线传输架构，提出了适应传输架构特点和视频业务特性的无线边缘缓存优化方案及侧链路辅助的无线多播优化方案，能够为工程实践提供诸多借鉴。

本书共分 8 章。第 1 章主要介绍了本书研究背景和研究意义；第 2 章主要介绍了视频业务、新型无线网络架构、无线边缘缓存和无线多播等相关技术的基本含义、特点、研究现状与发展趋势；第 3 章介绍了 NG-RAN 框架下普通视频业务的边缘缓存优化研究成果，分析了基于 NG-RAN 的系统模型、用户移动性模型和视频片段流行度模型，提出了"用户移动性感知"和"用户移动性与视频片段流行度联合感知"的主动缓存策略，并进行了性能分析；第 4 章介绍了基于 MDS 编码缓存异构网络的无线资源分配技术研究成果，给出了不同资源分配情况下的用户关联、带宽分配和功率分配联合优化算法，并进行了性能分析；第 5 章介绍了 NG-RAN 框架下 SVC 视频业务的边缘缓存优化研究成果，设计了基于 NG-RAN 的 SVC 视频无线传输系统架构，提出了基于缓存优先级的分层缓存方案和算法性能分析；第 6 章介绍了 NG-RAN 框架下 360°VR 视频的边缘缓存优化研究成果，分析了 360°VR 视频的视场合成特性，设计了基于 NG-RAN 的 360°VR 视频传输系统模型，提出了基于视场合成的"最小距离数最大化"缓存算法，仿真验证了所提缓存算法的有效性；第 7 章介绍了侧链路辅助的多质量贴片 360°VR 视频无线多播研究成果，设计了侧链路辅助的 360°VR 视频无线多播传输系统模型，提出了先搜索多播接收用户和侧链路发送用户、再进行带宽分配和贴片质量级别选择的两阶段优化算法，给出了算法性能的仿真验证结果；第 8 章是本书的总结及对未来研究方向的展望。

本书的撰写和出版得到了中国传媒大学尹方方老师以及北京邮电大学出版社姚顺老师的大力支持，在此一并表示衷心的感谢。本书在编写过程中参考了大量的书籍和资料，对参考文献的作者致以诚挚的谢意。

由于作者水平有限，书中难免存在不妥之处，望广大读者批评指正。

作　者

符号对照表

const.	常数
$\boldsymbol{A}$	矩阵
$\mathcal{A}$	集合
$|\mathcal{A}|$	集合$\mathcal{A}$中的元素个数
a	集合中的元素
$(\mathcal{A},\mathcal{B})$	二维集合
$|\cdot|$	求模运算符
$\lfloor\cdot\rfloor$	向下取整运算符
$(x)_+$	取正值(含0)运算,即$\max(x,0)$
$1_{\{x\}}$	当x为"真"时,$1_{\{x\}}=1$,否则$1_{\{x\}}=0$
$CN(0,1)$	零均值单位方差的复高斯分布
$U(a,b)$	区间从a到b上的均匀分布
$\min(a,b)$	求a、b的最小值
$\max(a,b)$	求a、b的最大值
$\prod$	连乘
$\sum$	求和
$\cup$	求并集
$\cap$	求交集
$\varnothing$	空集

目 录

第1章 概述 1

第2章 基本理论与研究现状 5

    2.1 视频业务特点及分类 5
        2.1.1 视频业务特点 5
        2.1.2 普通非分层编码视频 6
        2.1.3 SVC 分层编码视频 10
        2.1.4 360°VR 视频 13
    2.2 新型无线网络架构 16
    2.3 无线边缘缓存 17
        2.3.1 面向普通视频业务的无线缓存方案 18
        2.3.2 面向 SVC 视频业务的无线缓存方案 20
        2.3.3 面向 VR 视频的无线缓存方案 21
    2.4 无线多播 22
        2.4.1 面向 SVC 视频的无线多播方案 22
        2.4.2 面向多视角视频的无线多播方案 22
        2.4.3 面向 VR 视频的无线多播方案 23

第3章 用户移动性和视频片段流行度感知的无线边缘缓存 24

    3.1 引言 24
    3.2 系统模型 26
        3.2.1 延时模型 27
        3.2.2 用户移动性模型 28
        3.2.3 视频片段流行度模型 28
    3.3 问题建模 29
        3.3.1 用户移动性感知的延时最小化问题 30
        3.3.2 用户移动性和视频片段流行度联合感知的延时最小化问题 ... 31
    3.4 视频缓存算法 31
        3.4.1 用户移动性感知的主动缓存算法 31
        3.4.2 用户移动性和视频片段流行度联合感知的主动缓存算法 32

3.4.3　算法复杂度分析 ·· 33
3.5　仿真分析 ··· 34
　　3.5.1　仿真场景 ·· 34
　　3.5.2　基线算法 ·· 34
　　3.5.3　性能评估 ·· 35
3.6　本章小结 ··· 38

第4章　基于MDS编码缓存的异构网络无线资源分配技术 ············ 39

4.1　引言 ··· 39
4.2　系统模型及储备知识 ·· 40
　　4.2.1　传输模型 ·· 40
　　4.2.2　缓存模型 ·· 41
　　4.2.3　功耗模型 ·· 41
4.3　问题建模及分析 ·· 42
4.4　带宽等分的联合用户关联与功率分配 ·································· 43
　　4.4.1　基于线性规划的功率分配 ··· 43
　　4.4.2　基于匹配理论的用户关联 ··· 44
　　4.4.3　联合用户关联与功率分配 ··· 47
4.5　带宽不等分的联合资源分配 ·· 47
　　4.5.1　联合用户关联与带宽分配 ··· 47
　　4.5.2　基于线性规划的功率分配 ··· 49
　　4.5.3　联合用户关联，带宽分配与功率分配 ························ 49
4.6　仿真结果 ··· 50
　　4.6.1　不同匹配算法性能比较 ·· 51
　　4.6.2　联合资源分配算法性能比较 ····································· 55
　　4.6.3　算法收敛性分析 ·· 56
　　4.6.4　算法复杂度分析 ·· 58
4.7　本章小结 ··· 58

第5章　基于可伸缩特性的SVC视频无线边缘缓存 ······················ 59

5.1　引言 ··· 59
5.2　系统模型 ··· 60
　　5.2.1　延时模型 ·· 60
　　5.2.2　视频交付模型 ··· 62
5.3　问题建模 ··· 63
5.4　面向SVC视频的分层缓存 ··· 64
　　5.4.1　基于机器学习的缓存优先级确定 ······························· 65

	5.4.2	基于缓存优先级的分层缓存算法	65
	5.4.3	PrioCaching 算法的复杂度分析	66
5.5	针对高时延远程下载场景的 SVC 视频分层缓存		67
	5.5.1	简化的分层缓存算法	67
	5.5.2	SimPrioCaching 算法的复杂度分析	68
5.6	仿真分析		69
	5.6.1	仿真场景	69
	5.6.2	基线算法	70
	5.6.3	性能评估	70
5.7	本章小结		75

第 6 章 基于视场合成特性的 360°VR 视频无线边缘缓存 …………… 76

6.1	引言		76
6.2	系统模型		77
	6.2.1	缓存模型	77
	6.2.2	VR 视频模型	78
	6.2.3	延时模型	79
6.3	问题建模		79
6.4	基于视场合成的视频缓存算法		83
	6.4.1	理论最优解	83
	6.4.2	整体缓存过程	83
	6.4.3	MaxMinDistance 算法	84
	6.4.4	MMD 在线缓存算法复杂度及性能分析	86
6.5	仿真分析		86
	6.5.1	仿真场景	87
	6.5.2	基线算法	87
	6.5.3	性能评估	88
6.6	本章小结		93

第 7 章 侧链路辅助的多质量贴片 360°VR 视频无线多播 …………… 94

7.1	引言		94
7.2	系统模型		96
	7.2.1	传输模型	96
	7.2.2	信道容量模型	99
	7.2.3	多质量贴片 360°VR 视频模型	100
	7.2.4	效用模型	100
7.3	问题建模		101

- 7.3.1 InD 场景的问题表述 ·········· 101
- 7.3.2 JnD 场景的问题表述 ·········· 101
- 7.3.3 问题求解 ·········· 102
- 7.4 两阶段优化算法 ·········· 103
  - 7.4.1 第一阶段：多播接收用户及侧链路发送用户搜索 ·········· 103
  - 7.4.2 第二阶段：带宽分配和贴片质量等级选择 ·········· 104
  - 7.4.3 两阶段迭代 ·········· 105
  - 7.4.4 JnD 场景的两阶段算法 ·········· 105
  - 7.4.5 算法复杂度分析 ·········· 106
- 7.5 仿真分析 ·········· 106
  - 7.5.1 仿真场景 ·········· 106
  - 7.5.2 基线算法 ·········· 107
  - 7.5.3 性能评估 ·········· 107
- 7.6 本章小结 ·········· 111

第8章 总结及展望 ·········· 112
- 8.1 总结 ·········· 112
- 8.2 未来可行的研究方向 ·········· 113

参考文献 ·········· 115

附录A 定理5.1的证明 ·········· 132

附录B 定理6.1的证明 ·········· 133

附录C 缩略语表 ·········· 135

第 1 章 概 述

随着无线接入技术的重大发展,以及具有视频功能的移动 PC、智能手机、平板电脑等无线智能终端设备数量的爆炸性增长,无线网络流量发生了根本性的变化。爱立信 2020 年度发布的研究报告表明[1]:截止到 2020 年第四季度,全球移动用户数量约为 80 亿,单季度净增 1 900 万;相应地,用户移动数据流量达到 60EB/月,同比增长 51%。图 1-1 和图 1-2 分别所示为爱立信对未来移动数据流量和移动视频业务占比的预测分析。如图 1-1 所示,未来几年,移动数据流量的这种增长趋势将持续保持(年增长速度约为 28%)。如图 1-2 所示,视频流量是移动数据流量的主要组成部分。预计到 2026 年,移动网络的视频流量将以每年 30%左右的速度增长,占比将超过移动数据流量的 77%。随着短视频、360°全景视频、云游戏、VR、增强现实(Augmented Reality,AR)等新兴视频业务的逐渐普及和发展,移动视频流量所占比重将继续加大。以 VR 视频为例,根据思科市场报告预测[2],到 2023 年,无线 VR 头戴式耳机将超过 5 000 万个,来自移动 VR 设备(基于智能手机或独立设备)的数据消耗将增长近十倍。面对无线视频流量的指数型增长,无线网络承受的传输压力越来越大,很难满足用户对无线视频业务的传输质量要求。

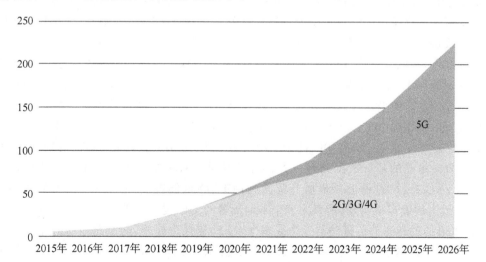

图 1-1 爱立信对移动数据流量的预测[1]

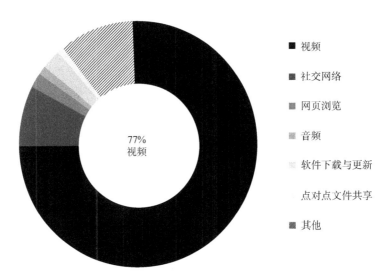

图 1-2 爱立信对移动视频业务数据占比的预测[1]

为了提升无线视频业务的传输性能、降低无线网络的传输压力,可以从以下两方面进行考虑。

1. 构建新型视频传输架构

通过扩展新频谱、提出并运用新的物理层技术来提升无线侧的吞吐量[3],是应对视频流量增长的典型方式。但是,无线侧吞吐量的提升,必然给基站与核心网之间的回程(Backhaul)链路带来巨大的负载压力。此外,由于传统网络中各无线基站间的协作能力较弱,无法实现频率资源的有效共享和业务数据的高效流转。为此,学术界、产业界提出通过构建新型网络架构来进一步提升网络性能。在众多有前景的新型架构中,以中国移动为首的产业界提出的云无线接入网络(Cloud Radio Access Network,C-RAN)[4-6]为典型代表。在 C-RAN 中,原站址仅保留射频拉远单元(Remote Radio Head,RRH),传统基站的所有或部分基带处理资源集中形成位于云端的基带单元(Baseband Unit,BBU)池,RRH 通过通用公共无线接口(Common Public Radio Interface,CPRI)与 BBU 池互连。这种架构不仅简化了站址操作,降低了对站址空间、温度等要求,从而节约了建网和维护成本,更有利于基带资源的统一管理与动态分配,有效提升网络性能。随着第五代移动通信系统(the Fifth Generation,5G)的到来,C-RAN 架构进一步发展成为一种更灵活、效率更高的下一代无线接入网(Next Generation Radio Access Network,NG-RAN)架构[7,8]。在 NG-RAN 架构中,BBU 被进一步分为 CU 和 DU 两个功能实体[9,10],分别进行延时不敏感的控制面/用户面任务和延时敏感的基带数据处理任务。由于不同层的功能可按需求灵活部署在 CU 和 DU[11-13],NG-RAN 能够进一步提升资源利用率、降低能耗。NG-RAN 架构如图 1-3 所示,CU 由云上的虚拟机实现,能够为多个本地部署的 DU 提供服务,DU 可以与 RRH 同站址部署,也可通过高速前传链路与一个或多个 RRH 连接。此外,侧链路辅助的通信架构也能够有效提升频谱资源的效率[14],如图 1-4 所示。3GPP 定义的 PC5 接口称为侧链(Sidelink,SL),是设备到设备(Device to Device,D2D)技术的标准化版本。D2D 技术由第三代合作伙伴计划(3GPP)在长期演进(Long Term Evolution,LTE)系统中率先引入,通过支持邻近设备的直接相互通信,可有效降低核心网和无线接入点负载。

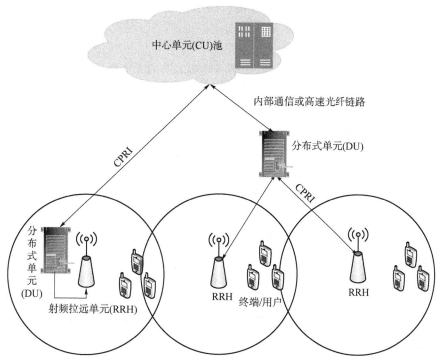

图 1-3　下一代无线接入网络（NG-RAN）架构

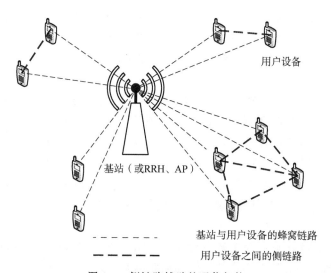

图 1-4　侧链路辅助的通信架构

但是，新的传输架构也面临一些设计挑战。

对于 NG-RAN 视频传输架构：

（1）由于云端与终端设备的距离通常较远，可能无法保证网络中的低延时服务，难以满足视频的传输延时要求；

（2）当有大量视频计算任务在云端处理时，计算资源可能无法按需分配，同时产生不可忽略的计算延时；

（3）云端的CU既要对DU进行联合管理，也要对业务数据进行联合处理，会带来大量的信令开销，影响回程链路的使用效率。

对于侧链路辅助的视频传输架构：

（1）侧链路的引入使得基站与终端、终端与终端之间的无线环境更加复杂，影响通信的可靠性；

（2）要确保传统蜂窝用户和侧链用户的通信质量，对资源管理提出了更高要求；

（3）当大量侧链终端设备接入时，很可能造成小区通信网络的拥堵，造成网络的延时增大、通信质量下降甚至中断。

2. 降低无线网络中冗余视频数据的传输

研究表明，网络中80%的视频业务请求指向20%的热门视频[15]。在传统的蜂窝网络中，用户请求的视频内容必须从远程内容服务器获取。当用户多次请求这些热门视频时，内容提供者必须重复发送相同的数据，这不仅会导致较长的服务等待时间，还会带来更多流量，从而可能导致网络拥塞。无线边缘缓存技术是减少视频冗余的关键技术。通过在接入点部署缓存设备，对用户请求的视频内容进行存储，可有效缓解远端服务器的负担，大大减少回程链路的流量负载，降低内容交付延时，提高用户体验。此外，针对在同一覆盖范围内同时请求相同视频的多个用户，可以基于无线多播技术进行频谱共享和视频分发，从而有效减少冗余数据，缓解对网络资源的高度需求。

但是，无线边缘缓存和无线多播也面临诸多挑战。

对于无线边缘缓存：

（1）无线信道具有时变性，当信道变差时，缓存的视频可能由于版本过高（数据量过大）无法被成功下载，造成较低的缓存命中率和存储资源的浪费。

（2）用户位置的变化会导致视频请求具有更强的随机性，增大了视频数据流向预测的难度。

（3）用户观看行为习惯会对同一视频不同时段内容的流行度造成影响。

（4）特别需要说明的是，不同类型的视频业务具有其独特性。例如，普通视频业务主要关注无线传播环境下的延时问题；SVC（Scalable Video Coding，可伸缩视频编码）视频能够更好地适应无线环境，但其视频内容具有多个版本，且视频质量的重建对不同版本有依赖关系；VR视频的数据量更大，对传输延时要求更高，而且具有强交互性和计算密集特性。因而，一种缓存策略很难满足不同视频业务的高效传输需求。

对于无线多播：

（1）传统的多播容量受到处于较差信道条件用户的限制，而且当基站（Base Station，BS）天线固定时，多播增益随着用户数的增加而急剧减小。

（2）侧链辅助的无线多播能够增强多播容量，但同时增大了无线资源的调度和管理难度，也增加了数据传输、用户分组，以及用户公平性保证等算法的设计难度。

综上所述，构建新型无线视频传输架构，开展面向不同视频业务的无线边缘缓存和无线多播研究，对于提升无线视频业务的传输性能具有重要意义。考虑到普通视频、SVC视频、360°VR视频和多质量贴片VR视频是当前及未来一段时间主流的视频业务，本书主要针对这四种视频业务开展研究。

第 2 章　基本理论与研究现状

本章分别就视频业务特点与分类、新型无线网络架构、面向视频业务的无线边缘缓存技术,以及面向视频业务的无线多播技术等进行归纳总结。

2.1　视频业务特点及分类

视频(Video)泛指将一系列静态影像以电信号方式加以捕捉、记录、处理、储存、传送及重现的各种技术。连续的图像变化每秒超过 24 帧(frame)画面时,根据视觉暂留原理,人眼无法辨别单幅的静态画面;看上去是平滑连续的视觉效果,这样连续的画面称为视频。相比较语音、文本、文件、数据等业务,视频具有其独特性,在无线网络中需要进行针对性的方案设计。

视频的分类方法很多,按照实时性,可分为视频点播业务和视频直播业务;按照视频内容属性,可分为社交类视频、游戏类视频、影视类视频等;按照时间属性,可分为抖音、快手等平台的短视频和优酷、爱奇艺等平台的长视频;按照行业属性,可分为监控类视频、教育类视频、新闻类视频等;按照编码属性,可分为 H.263、MPEG4、H.264、H.265 等;按照码率属性,可分为定长码率视频和变长码率视频;按照分层属性,可分为单层编码视频和多层可扩展编码视频;按照维度属性,可分为 2D 视频和 3D 视频;按照交互属性,可分为无交互视频、弱交互视频和强交互视频等。

本节首先概述视频业务特点,然后重点对普通非分层编码视频、SVC 分层编码视频、360°VR 视频进行介绍。

2.1.1　视频业务特点

不同类型的视频业务特点有所不同,但普遍具有以下特性:

(1) 视频数据具有非常大的信息容量,可以通过同步音频、视觉、嵌入的文本信息以及使不同的结构编排方式来表达丰富的语义。

(2) 视频数据的处理需要掌握特定领域的背景知识,如不同的观众观看同一段视频得到的信息可能不同,这取决于观众的背景知识以及情绪状态等因素,这说明了视频的语义信息是和相关的领域知识结合在一起的。

(3) 视频的时间结构单元是帧,语义单元是场景,帧可以自动提取,但是场景获取需要人工参与,帧层次的信号信息到场景层次的语义信息没有固定的映射规则。

(4) 同一视频文件中不同视频片段的重要性有差异。如:在 H.264 编码视频(详见 2.1.2 节)中,I 帧采用完整编码,P 帧是参考之前的 I 帧生成的只包含差异部分编码的帧,B 帧是参考前后帧编码的帧。由于 I 帧可直接用于视频重建,又称为关键帧。显然,关键帧的重要性更高。此外,视频的起始片段与非起始片段、运动画面与静止画面等也具有不同的重要性。

(5) 视频内容的复用特性,即大量用户在一段时间内会重复观看少数热门的视频内容,即具有流行度特征。热门视频内容的流行度在一定时间内的变化是相对缓慢的,像受欢迎的短视频 2 到 3 小时更新一次等。

针对上述特性,从无线传输的角度分析,可得到以下结论:

(1) 针对重要性不同的视频片段,无线网络可针对性地采用不均等保护措施提升视频传输的鲁棒性,如针对关键帧采用可靠性更高的信道编码或差错控制策略、低阶的调制样式,或分配更多的无线资源等;

(2) 针对视频业务的流行度特征,无线网络可以针对性地进行边缘缓存、无线多播、边缘计算等方案设计;

(3) 视频业务对延时更加敏感,要求无线网络具有合适的带宽传输能力。

2.1.2 普通非分层编码视频

未压缩的视频具有非常大的数据传输需求。以 4K 数字电影视频为例,分辨率为 $3\,840 \times 2\,160$,每秒产生数据量将达到 $3\,840 \times 2\,160 \times 24\,\text{bit} \times 30\,\text{帧/s} = 5\,971\,968\,000\,\text{bit/s} \approx 5.56\,\text{Gbit/s}$,当帧率使用的是 60 帧/s 时变成约 11.2 Gbit/s。在当前硬件设备和传输网络(特别是无线网络)条件下,难以满足未压缩视频的实时存储或传输。

由于视频中连续帧之间的相似度非常高,可以利用这个特性进行视频压缩,尽可能实现在对视频质量影响最小的情况下,减少视频数据中大量的冗余信息,提升数据表示效率。常见的冗余信息包括时间冗余、空间冗余、结构冗余、视觉冗余、编码冗余等。其中:

(1) 时间冗余指帧的时间相关性,即相邻帧间总是包含相同或类似的前景物体或者背景,但物体的位置可能略有差别;

(2) 空间冗余指一幅视频帧内相邻像素点间具有相关性,空间压缩编码就是利用图像中相邻像素间或数个相邻像素块间存在的高度相关性;

(3) 结构冗余指有些视频帧中存在很强的自相似性或包含具有特点的纹理结构,而这些结构可以按照规律用某一过程来生成;

(4) 视觉冗余是相对人类视觉系统局限性而言的,指的是视频帧数据中人眼无法识别或在一定范围内无法识别的量化数据;

(5) 编码冗余即信息熵冗余,如果采用直接编码的方式编码像素点,那么所有的像素点所需的比特数是相同的,但实际表示像素点需要的数据量是比固定分配的比特数要小的。

为了节省视频存储空间及传输带宽,需要采用预测、变换、扫描、量化、熵编码等编码技术消除各类冗余,这些压缩编码技术的使用如图 2-1 所示。

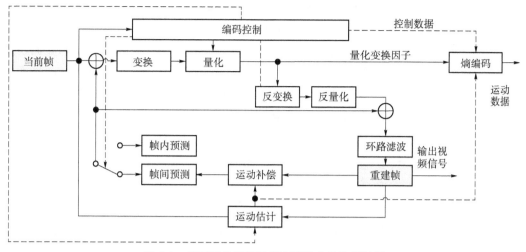

图 2-1　编码时各视频压缩编码技术的使用框图

预测技术的原理是寻找当前像素点的相关已编码像素点,再计算预测值和实际值之差,实际只需传输很小的差值。预测分为帧内预测(Intra-prediction)和帧间预测(Inter-prediction),分别用来消除空间冗余和时间冗余。帧内预测是根据当前编码像素点周围像素点的值来预测当前像素点的值,而帧间预测是在相邻帧间找像素点来预测;然后计算得到实际值和预测值之间的差值,并对差值进行记录编码。帧间预测包括单向预测、双向预测、重叠块运动补偿,其中双向预测在实时视频传输时一般不能采用,因为会引入较大的编码延时。只使用帧内预测进行编码的帧图像称为 I(帧内预测)帧,用前向预测编码的帧图像称为 P 帧,用双向预测编码的帧图像称为 B 帧。I 帧(内帧)、P 帧(预测帧)、B 帧(双向预测帧)的关系如图 2-2 中所示。

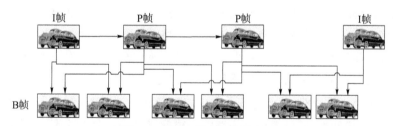

图 2-2　I 帧、P 帧和 B 帧的关系

以 H.264 标准为例,其 I 帧、P 帧、B 帧的简介如下:
- I 帧为帧内编码帧。I 帧描述了画面背景和运动主体信息,是全帧压缩编码帧,不需参考其他画面。解码时的 I 帧只需用自身数据即可重建完整内容。该帧为 GOP(Group of Pictures,帧组)第一帧,每个 GOP 只有一个 I 帧,故 I 帧所占信息量较大,其质量会直接影响同 GOP 组中后继各帧质量。I 帧是后继的 P 帧和 B 帧的参考帧。
- P 帧为前向预测编码帧。P 帧是 I 帧后间隔 1 帧到 2 帧的编码帧,以 I 帧为参考,压缩率较高。解码时的 P 帧需将 I 帧值与预测误差求和后才能重建完整的 P 帧画面。通常 P 帧要参考前面最近的 I 帧或 P 帧,而 P 帧又是其后 P 帧、其前后 B 帧的参考帧。

- B 帧为双向预测内插编码帧。B 帧以其前 I 帧或 P 帧以及其后的 P 帧作为参考帧，具有最高的压缩率。B 帧不作为其他帧的参考帧。

而对于预测时前景物体的运动变化，需要进行运动估计来计算宏块运动矢量，帧间预测的复杂度就体现在宏块的分割及运动矢量的计算上。变换编码(Transform Coding)技术是根据视频帧图像中平坦及缓变区域(对应直流和低频区)占大部分、细节和突变区域(对应高频区)占小部分的统计规律，利用数学方法，用较少的比特表示直流低频和高频部分，其他部分则不用表示，以达到数据压缩的目的。变换系数量化后，在直流和低频区域有少数值较大，高频区域有少数值较小，大部分的系数为零，因此可以根据该统计特性使用熵编码进一步压缩码率。

从 1984 年至今，视频编码技术的发展已经有三十余年。2020 年 7 月 7 日，新一代 VVC/H.266 视频编解码标准发布，标志着视频编解码技术又向前迈进了一步。视频压缩编码标准大致经历了以下三个阶段。

(1) 以 MEPG4 为代表的视频压缩标准

MEPG4 是动态影像专家小组(Moving Picture Experts Group, MPEG)制定的视频编码标准，发布于 2003 年，主要用于电视广播、网络上流以及视频通话。MPEG-4 编码时不是以块而是以影像上的个体为变化记录，当个体运动速度很快的时候，解码时也不会出现块状画面。MPEG-4 压缩比可达 4 000∶1，具有核心程序空间需求少，运算能力强等特点，但其 CPU 运算量要比视频编码专家组(Video Coding Experts Group, VCEG)提出的 H.26x(H.261-H.263++)系列视频编码标准大很多，其带宽利用率不高，不适合在无线网络中传输。

(2) 以 H.264/H.265 为代表的视频压缩标准

H.264 是联合视频工作组(Joint Video Team, JVT)于 2003 年正式发布的视频编码标准，其最大的优势在于数据压缩码率大大提高。在相同的图像质量条件下，H.264 编码标准能够比 MPEG-4 等其他编码标准节省大约 50% 的码率，这就意味着，在相同编码速率的条件下，H.264 编码可以拥有更高的编码质量，并可以适应高低复杂性的应用；在相同编码质量的条件下，占用的带宽更小，更适合在无线网络中传输。同时，H.264 还支持低延时编码，丢包处理及比特错误处理机制，增强解码器的差错恢复能力。H.264 是目前使用最广泛的高清视频编码标准。

H.265 也被称为 HEVC(High Efficiency Video Coding)或者 MPEG-H 标准，是 VCEG 和 MPEG 组成的联合工作组 JCT-VC 于 2013 年 4 月 13 日发布的正式标准。现在 H.265 虽然没有 H.264 的普及率高，但因其具有提高至 64×64 的编码块、帧内预测的亮度选择多达 35 种模式、帧间预测采用时空联合的运动矢量预测技术等技术，内容压缩性能超出 H.264 标准的一倍，使得在有限带宽的条件下，可以传输更高质量的视频，已经逐渐成为主流的 4K 超高清视频编码标准。H.264 和 H.265 编码带宽和效果对比如图 2-3 所示。此外，H.265 编码标准支持的分辨率可以从 4K 超高清到达 8K 超高清，最高清晰度可以达到 8 192×4 320。H.264 和 H.265 编码带宽和效果对比如图 2-3 所示。

图 2-3　H.264 和 H.265 编码带宽和效果对比

（3）新型视频压缩标准[174]

近几年,包括苹果、爱立信、英特尔、华为、微软、谷歌、高通、索尼等公司在内的行业合作伙伴,一直在努力推动新一代编码压缩技术的发展。2020 年 7 月 6 日,MPEG 和 VCEG 再次成立的联合视频探索小组(Joint Video Exploration Team,JVET)完成最终的标准许可,德国弗劳恩霍夫通信技术研究所(Fraunhofer HHI)正式发布了新一代视频标准——多功能视频编码(Versatile Video Coding,VCC),也被称为 H.266 或未来视频编码(FVC),其为高效视频编码 HEVC 的后继标准。相比 H.265,VVC 增加了三十多种新的编码工具,改进了编码算法中的帧内预测、帧间预测、块划分、熵编码及环路滤波等技术细节。以块划分为例,VVC 采用了更为灵活的块划分模式。在画面变化较为平缓的区域,采用较大的块进行划分,从而实现更为高效的表达;在画面细微变化较多,纹理细致或边缘信息丰富的区域,采用更为细致的块划分模式,甚至非矩形形状的几何划分模式,进而能够实现更为精准地描述物体轮廓的目标。编码性能方面,在 PSNR 保持不变的情况下,对不同码率的视频源进行编码,VVC 相对于 HEVC 能够平均节省 37.3% 的码率,而且视频源的分辨率越高,VVC 能够节省的码率更多。如果对 4K 超高清视频进行编码,其相对于 HEVC 的码率节约可以达到 40%。算法复杂度方面,相较于 HEVC,VVC 的解码复杂度大概为其两倍左右,能够保证 VVC 标准的算法复杂度不会溢出现阶段软硬件的水平,有利于其早日在应用和业务中落地。视频编码标准发展路线图如图 2-4 所示。

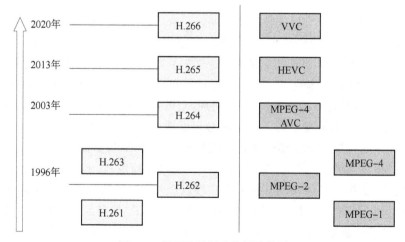

图 2-4　视频编码标准发展路线图

值得说明的是，我国于 2002 年起成立了全自主知识产权 AVS 视频编码标准体系工作组，至今已制订了两代 AVS 标准。第一代 AVS 标准于 2002 年开始制订，于 2005 年发布，在 2006 年正式成为视频编解码的国家标准。2012 年，AVS 工作组面向广播电视应用而专门制定的 AVS+（AVS1-P16）成为中国广播电视行业标准。AVS 与 H.264 标准处在基本相同的技术水平上，它们的编码效率基本相近，而且 AVS 比 H.264 的复杂度更低，实现起来更加简洁高效。第二代 AVS 标准简称 AVS2，主要面向超高清电视节目的传输，2016 年 5 月，广电总局颁布 AVS2 视频为行业标准，2016 年 12 月 30 日，颁布为国家标准。AVS2 标准比起 AVS 标准有大幅度的性能提升，同时比起 HEVC 标准，在场景编码方面更具有领先优势。

2.1.3 SVC 分层编码视频

随着各种多媒体应用的发展，网络中存在多种类型的视频文件，包括来自社交媒体、视频网站以及用户自制的视频内容等。用户对于不同的视频文件可能存在多样的观看质量需求。具体来说，用户对新闻报道以及体育赛事等资讯类节目的视频观看质量要求相对较低。在这种情况下，标准的视频观看质量就能满足大部分用户的观看需求。相反地，对于电影、电视剧以及综艺节目等娱乐性偏强的视频内容，用户极有可能会需求高清的视频观看质量。另外，当网络的信道状态较差或者回程链路的拥塞比较严重的时候，为用户传送观看质量较低的视频文件，将会带来更小的内容传送延时。基于上述考虑，SVC 标准应运而生，成为新一代可伸缩视频编码的典型代表。

SVC 技术是传统的高级视频编码（Advanced Video Coding，AVC）技术的扩展，它作为 H.265 标准中的关键技术[69]可以将原始的视频文件编码分割成多个比特流。经过 SVC 编码后的视频文件称为可扩展视频。基于 SVC 技术，每个可扩展视频被编码为一个基本层（Base Layer，BL）和多个连续的增强层（Enhancement Layer，EL）。每个可扩展视频最多可以被划分为 128 个内容层，具体的划分层数依赖于特定的网络环境和用户的观看质量请求[175]。通过弹性地增加或者删减视频比特流，可以为用户传送包含不同数量内容层的可扩展视频，来满足多样化的视频观看质量需求，同时较为灵活地适应动态变化的网络状态[67,68]。在每个可扩展视频中，BL 提供了可以保证视频文件正确解码的最基本内容。将该内容层解码，多媒体用户可以获得最低的视频观看质量。当只解码该层文件时，接收端可以采用传统的非扩展视频的解码器[175]。将一个或多个连续的 EL 叠加到 BL 上解码，视频文件可以在空间维度、时间维度以及观看质量这三个方面获得可扩展性，从而可以大大地提升和改进用户的视频观看体验[176,177]。当可扩展视频中的 BL 内容没有正确解码时，叠加在上面的其他 EL 内容也不能被解码[70]。同理，当可扩展视频中较低的内容层没有正确解码时，较高的内容层亦不能被解码。SVC 的分层结构如图 2-5 所示。

SVC 的视频编码与 H.264 编码存在些微差异，其编码结构如图 2-6 所示。该例中有四层，基础层 T_0 和增强层 T_1、T_2 与 T_3。T_1 和 T_2 层中的帧由 T_0 层中的各帧预测，T_3 层中的帧由 T_1 或 T_2 层中的各帧预测。如果客户端以 3.75 帧/秒的速率播放视频，则仅需解码 T_0 层中各帧。如用户以 7.5 帧/秒的速率播放，则 T_0 和 T_1 的各层都要解码。如果 T_0、T_1 和 T_2 层的各帧都被解码，视频流将可以 15 帧/秒的速率播放。如果所有帧均被解码，用户将享受到 30 帧/秒的视频流。SVC 视频编码采用了时域和空域可伸缩技术，可适应网络条件的变化,支持视频流时空、质量的扩展。故一个 SVC 视频可通过多种方式的解码满足不同网络条件和用户需求,获得多种分辨率、质量、帧率的视频回放[178]。

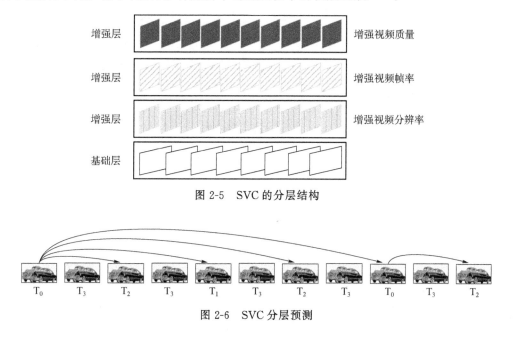

图 2-5　SVC 的分层结构

图 2-6　SVC 分层预测

1. 时域可伸缩技术

时域可伸缩技术是指支持多帧率的技术,即同一个视频流中可提出具有不同帧频的码流。SVC 视频层按时间分成一个时间"基本层"及一个或多个时间"增强层"。从基本层到各个增强层的时间逐一递增,基本层时间为 0。当用户获取时间 k 的视频子流时,只提取时间小于等于 k 的时间层。图 2-7(a)所示的是一个传统的 IBBP 时域编码方案。该图中有一个基本层 T_0 和三个增强层 T_1、T_2 与 T_3。视频解码时先解码 T_0 层,解码第 k 个增强层 T_k 时需 0 到 $k-1$ 层全部先解码。故 T_0 基本层一旦错误或者缺失将直接影响视频整体质量甚至导致解码失败。若遇到网络带宽或者解码设备能力不足的情况,SVC 可去掉部分增强子流层,降低解码端的视频帧率的同时也不会引起视频回放中断[179]。例如基本 T_0 层依次丢弃橘色、绿色、蓝色帧就可获得原始视频的 1/2、1/4、1/8 视频流。与 IBBP 时域编码方案不同,SVC 采用如图 2-7(b)所示的层次 B 帧预测技术,时间基本层只使用本层的前一个基本层预测,时间增强层则使用其前的低时间层预测,此种编码方案将不产生延时[180]。

2. 空域可伸缩技术

空间伸缩性技术用于同时从同一个视频源提取不同解析度的图像画面。图 2-8 中,第 1 层到第 3 层的 QCIF(176×144)、CIF(352×288)、4CIF(704×576)先通过原图像下采样得到低分辨率的低层(多个增强层需要多次下采样),分辨率最低的构成基本层,再用原始图与基本层的差值编码形成增强层,依此类推[69,176]。

SVC 能够有效地结合空间和时间可伸缩编码,允许其基本层和增强层使用不同帧率。如图 2-9 所示,帧按时间顺序对齐排列,每一个垂直方向代表一个特定的时刻。垂直箭头表示增强层采用了 SVC 层间的空间编码技术,而曲线箭头则表示每一个空间层内部采用了层次 B 帧时间编码[69,178]。

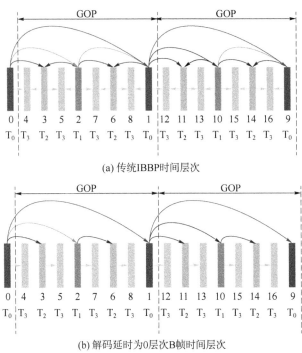

(a) 传统IBBP时间层次

(b) 解码延时为0层次B帧时间层次

图 2-7 SVC 时间预测

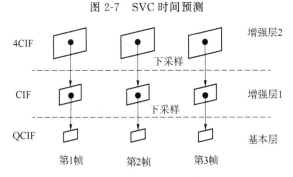

图 2-8 SVC 空间下采样

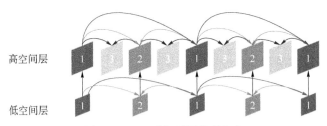

图 2-9 SVC 时空预测编码方案

SVC 通过不同的视频层组合来适应不同的网络状况，经一次视频分层编码达到 H.264/AVC 多次编码的效果。但与单层编码比较起来，SVC 也会增加视频解码的复杂度，降低一些视频压缩效率。在移动边缘视频解决方案中加入 SVC 会提升解决方案的网络适应性，但由于 SVC 各层之间的相关关系[181,182]，也会增加视频传输和缓存问题的复杂度，改变传输和缓存中的基本处理单位，在资源有限的移动边缘设备上设计相应算法的难度增加。

2.1.4 360° VR 视频

虚拟现实(VR)被誉为"下一代互联网"和"下一代计算平台"。根据业界的共识,VR 是计算机构造出的虚拟环境(Virtual Environment),这一环境可以来自复制的真实世界,也可以是想象的灵境,人在这一具备立体空间信息的虚拟环境之中进行实时的互动。VR 具有多感知性(Multi-Sensory),根据 J.J.Gibson 提出的概念模型:人的感知系统可划分为视觉、听觉、触觉、嗅/味觉和方向感等五部分。因此 VR 应当在视觉、听觉、触觉、嗅/味觉和方向感上向用户提供全方位的表现,MPEG 研讨会议也认为 VR 是一种不同于视频和音频的新媒体类型。

根据这一定义,VR 的概念覆盖了很多种关键技术和应用形态。例如 VR 涉及的关键技术包括:

- 360°全景视频;
- 自由视角技术(Freeview-point);
- 计算机图形学(Computer Graphics);
- 光场技术(Light Field)等。

基于上述关键技术,VR 可以衍生出很多应用形态(application)。例如基于 360°全景视频技术的在线点播和事件直播,基于自由视角技术的在线点播和事件直播,基于计算机图形学的 VR 单机游戏、VR 联网游戏、VR 仿真环境等。VR 分类、关键技术与应用形态如图 2-10 所示。

图 2-10　VR 分类、关键技术与应用形态

根据后续内容需要,本节重点对 360°全景视频的技术原理进行阐述和分析。

1. 全视角和 FOV

用户在虚拟环境中的视野可以认为是一个空间球,左右横向全视角展开是 360°,上下纵向展开是 180°。用户在使用终端时,单眼实际看到的视觉信息只是全部球面数据的一部分,这部分面积由终端提供的视场角决定(Field of View,FOV)。全视角和 FOV 转换图如图 2-11 所示。

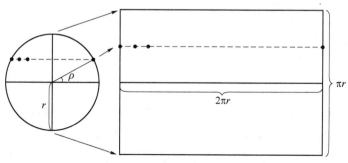

图 2-11　全视角和 FOV 转换图

如 FOV 为 90°,则单眼可视信息仅为球面信息的 1/8;FOV 为 120°,单眼可视信息仅为球面信息的 2/9。如果在电视/Pad/Phone 等传统终端上使用 VR,视场角远小于 90°,则不涉及这一概念。

2. 360°视频投影方式

360°视频是由多个摄像机从多个角度同时拍摄然后通过一系列技术拼接而成的视频,其包含各个方向的场景信息。这种类型的视频可以建模为球体。因为现有的编码器还不支持球形视频编码。因此,目前编码 360°视频需要先将其投影到 2D 平面,再对平面视频进行编码。

目前比较常见的投影方式有等距柱状投影(Equirectangular Projection,ERP)、立方体投影(Cubemap Projection,CMP)以及金字塔投影(Pyramid Projection)等[183,184]。ERP 投影是将球形视频内容映射到 2D 矩形平面中的一种投影方式,是目前最常见的投影方式。其将球面中表示偏航角的 yaw 和俯仰角的 pitch 数值按照转换公式映射为矩形平面的像素值[185]。其缺点是纬度不同,伸展程度就不同。这样就会使得球体南北两极拉伸较为严重,即和赤道附近相比,编码南北两极的视频内容就需要更多的像素,这会导致编码效率降低。但是由于 ERP 投影比较容易实现,因而其仍然被人们广泛使用,具体如图 2-12 所示。

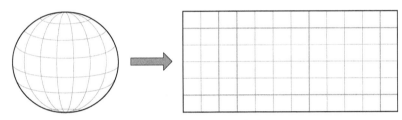

图 2-12　ERP 投影方式

CMP 投影是在球体的外面构建一个外接立方体。相比 ERP 投影,CMP 能够减少整个视频质量下降的幅度,并且带宽消耗比等角矩形投影要低[186]。此外,CMP 投影对渲染处理能力要求不高。因此,就质量和渲染所需的处理而言,CMP 提供了理想的折中方案[187],具体如图 2-13 所示。

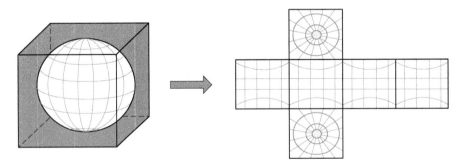

图 2-13　CMP 投影方式

金字塔投影是在球体的外面构建一个外接金字塔[188]。其中,用户的 FoV 区域映射到金字塔的底部并将其以高分辨率进行编码,FoV 以外的区域映射到金字塔的侧面且距离顶点越近的地方编码质量越高。金字塔投影方式能够显著降低视频的编码比特率,但是 FoV 以外的区域拉伸较大,具体如图 2-14 所示。

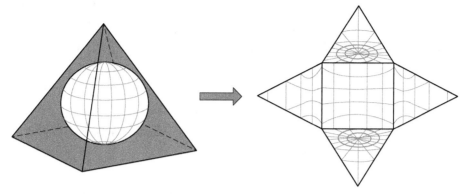

图 2-14　金字塔投影方式

3. 360°视频编码方式

360°视频编码方式包括整体编码和分块编码两种。整体编码,顾名思义,是将整个球形帧编码成一个文件;而分块编码则是将球形帧从空间上划分为许多个贴片(tile),然后对每个贴片分别进行编码,最终形成一个个独立的文件。

（1）整体编码

整体编码通常将用户 FoV 中的区域编码成更高质量,FoV 以外的区域编码成低质量,以此来节省带宽[189]。首先需要预先定义 N 个重叠的用户感兴趣区域(Region of Interests,RoI),然后对每个预定义的 RoI 创建 M 个不同的质量版本,因此对于每个 360°视频一共有 $N \times M$ 个质量版本。每个质量版本都包含了整个视频信息。其中,RoI 区域是高质量编码,RoI 以外的区域逐渐降低质量进行编码。Facebook 已经使用整体编码来对 360°视频进行编码[190]。

整体编码主要有两点优势：

① 可以使用单个解码器进行解码;

② 可以有效避免由于用户突然转头或者头部运动预测不准确导致的黑屏问题,即最差情况仅为视频质量低,而不会出现没有像素的情况。但其也有劣势,主要为不同版本的表示之间会产生高度冗余,存储需求较大。

（2）分块编码

Patrice Rondao Alface 等人[191]在 2012 年首次提出了分块编码方法。通常将投影后的二维平面视频划分成相同大小的矩形分块。例如,ERP 投影后,把平面视频按经度划分为 W 个贴片,按维度划分成 H 个贴片,则一共有个 $W \times H$ 个贴片;如图 2-15 所示,ERP 投影后的视频被分为 6×4 个贴片。

tile_1	tile_2	tile_3	tile_4	tile_5	tile_6
tile_7	tile_8	tile_9	tile_10	tile_11	tile_12
tile_13	tile_14	tile_15	tile_16	tile_17	tile_18
tile_19	tile_20	tile_21	tile_22	tile_23	tile_24

图 2-15　分块编码

分块编码的优点是用户可以根据自身的需求下载贴片,而不用每次下载整个视频,因而其能够大量降低存储、传输以及带宽需求。但是,分块编码也有一些缺点:

①用户 FoV 突然发生变化时,分块编码可能会造成更多的重新缓冲事件(rebuffering events)。这个问题一般有两种解决办法:一是下载一些位于用户视口以外的视频(Out of Sight,OOS)[192]。当用户突然转头时,由于预取了 FoV 以外的视频,所以可以减少视频播放暂停次数;二是结合 SVC 编码增量式提升质量的特点来解决[193,194]。

②需要以适当的粒度切分贴片。如果粒度过大,则不能充分体现分块编码的优势;反之,则会导致编码开销增大。有研究表明,当粒度为 24×12 时,整个视频的大小将增加 2 倍[195]。

③目前还没有硬件解码器可以支持分块编码,仍然需要多个解码器来解码每个贴片。文献[196,197]使用了 HEVC 的运动约束块集(MCTS)功能来解决这个问题。

2.2　新型无线网络架构

为提升网络性能,学术界、产业界提出了一系列新型网络架构,本书主要对 C-RAN、Hetnets、异构云无线接入网络架构(Hybrid Cloud Radio Access Network,HC-RAN)、NG-RAN 以及侧链辅助的通信架构等进行概述。

C-RAN 是对分布式基站收发器的自然演进,分布式基站收发器一般由 BBU、RRH 以及回程和前传链路组成[16]。随着云计算技术的发展,C-RAN 实现了虚拟化的 BBU 池,可完成基站计算功能的集中处理,而 RRH 基本上是低版本的基站,负责数字处理,模数转换,功率放大和滤波等功能。RRH 和 BBU 池通过高带宽前传链路相连[17]。这种架构的提出,能够保证无线网络以较低成本、较高的频谱效率和较高的能源效率为用户提供数据服务。

Hetnets 是通过宏蜂窝基站(Macro Base Station,MBS)与多个低功率小蜂窝基站(Small Base Station,SBS)混合组网的网络样式[18,19]。这种网络样式具有以下优势:一是通过密集部署 SBS,每个 SBS 服务少数用户,可以实现更高程度的资源重用,有效提升系统容量;二是 SBS 可以实现 MBS 的数据卸载,降低网络拥塞;三是 SBS 可以弥补 MBS 的覆盖盲区,提升边缘用户的业务传输性能。但是,异构网络很难实现高效统一的系统管理和控制。为此,学界提出将基站连接到云进行集中管理和控制的方案[20],即 HC-RAN 架构。相比较传统的异构网络架构,HC-RAN 能够以较低成本实现小区间干扰的快速协调。

无论是 C-RAN 还是 HC-RAN 架构,其体系结构仍然是集中式的,很容易产生流量拥塞,进而导致较长的传输延时[4,21]。为缓解此问题,Zhao 等学者利用 BBU 池的大规模存储能力和集中式信号处理优势,提出将 BBU 池作为集群缓存的思想[22]。进一步地,基于未来网络发展趋势,Tran 和 Pompili[23]提出为 RRH 配备分布式边缘缓存的思想,设计了一种称为八爪鱼(Octopus)的多级缓存框架。通过将存储、管理和计算引入网络边缘,可有效提升计算资源的共享能力[24],减轻前传和回程网络的负载压力,降低传输延时[25]。

在 5G 标准中,3GPP 在 C-RAN 架构的基础上进一步提出了 NG-RAN 架构。在 NG-RAN 架构中,下一代节点 B(Next Generation NodeB,gNB)的协议栈分为 CU 和 DU 两部分[9,10]。DU 既可保留在蜂窝站点上,提供基本的信号传输功能;也可部署在边缘云上,为多个 RRH 提供基带信号处理等功能。CU 则聚集在一个 CU 池中,可利用云计算和虚拟化机制提供更高的能效和复用增益。

侧链路辅助的通信架构是终端间直接通信与传统蜂窝通信相结合的一种通信模式,是 D2D 的标准化版本,有望成为 C-RAN、NG-RAN、小蜂窝、车联网、adhoc 网络等多种网络的标准通信模式。通过使能邻近终端直接通信,并选择性地接受基站的控制,可有效提升频谱资源的效率[14]、减轻基站压力、降低端到端传输延时,同时还可带来多跳增益、复用增益和邻近增益[26,27]。

2.3 无线边缘缓存

缓存的概念最早出现于 Web 内容访问[28]和信息中心网络(Information Centric Networking, ICN)[29,30],Waleed 等学者讨论了可用于 ICN 网络的 Web 缓存和预取方法[28]。为了提高内容缓存效率,许多研究工作致力于优化路径选择、服务器放置和内容复制策略等方面[31-33]。但是,上述缓存方案仅适用于有线网络,而不适用于无线网络。首先,由于用户的移动性,网络流量与用户移动模式高度相关,难以高精度预测,无线边缘缓存需要适应流量负载的动态变化。此外,无线信道的频谱资源有限,同信道会产生干扰,无线边缘缓存需要有效应对无线信道的不确定性。因而,设计用于无线网络的缓存方案更具挑战性。

无线网络的缓存方案可以按照缓存位置、缓存准则、缓存过程等进行分类[34]。按照缓存位置,包括基于用户设备的缓存方案、基于 BS(SBS、MBS 等)的缓存方案、基于中继的缓存方案和基于新型无线接入网的缓存方案等。按照缓存准则,包括面向提高缓存命中率的缓存方案、面向提高频谱效率(Spectrum Efficiency, SE)的缓存方案、面向提高能量效率(Energy Efficiency, EE)的缓存方案、面向提高网络吞吐量的缓存方案、面向降低内容投递延时的缓存方案和面向降低网络流量负载的缓存方案等。按照缓存过程,主要考虑缓存放置和缓存更新两方面:缓存放置策略主要包括基于内容流行度的缓存方法、随机缓存方法和基于固定概率缓存的方法;缓存更新策略主要包括基于最近最少使用(Least Recently Used, LRU)的更新方法、基于最不经常使用(least Frequently Used, LFU)[35]的更新方法以及 LRU 和 LFU 相结合的更新方法等。

视频业务与普通文件不同,其数据量更大,对延时更加敏感,同一视频文件中不同视频片段的重要性有差异(关键帧与非关键帧、视频起始片段与非起始片段、运动画面与静止画面等),不同视频业务类型对网络要求也存在差异性,因而其缓存方案也有所差别。考虑到视频业务类型对缓存设计要求的差异性,下面分别从面向普通视频的无线缓存方案、面向 SVC 视频的无线缓存方案和面向 VR 视频的无线缓存方案等角度进行概述。面向视频业务的无线边缘缓存分类总结如表 2-1 所示。

表 2-1 面向视频业务的无线边缘缓存分类总结

类别	研究成果	潜在研究方向
面向普通视频业务的非编码无线缓存	基于视频流行度进行缓存设计,包括基于历史请求[36-40]、大数据[41,42,42]、机器学习[43]的流行度预测等	基于用户移动性的动态流行度预测以及用户观看习惯的细粒度流行度预测开展缓存设计

续 表

类别	研究成果	潜在研究方向
面向普通视频业务的 MDS 编码无线缓存	基于内容资源优化方法研究 MDS 编码缓存的高效性和安全性[198-201],获得缓存内容的空间叠加增益和合作传输增益[202-209]	研究移动场景下的 MDS 编码缓存技术
面向 SVC 视频业务的无线缓存	提高能效的 SVC 无线缓存方案[44-47];提高用户体验质量的 SVC 无线缓存方案[48-50];降低传输延时的 SVC 无线缓存方案等[51-54]	利用视频分层特性,开展新型网络架构下用户移动场景的缓存设计
面向 VR 视频业务的无线缓存	降低延时的 VR 无线缓存方案等[55-63]	基于 VR 视频内在特性的缓存方案设计

2.3.1 面向普通视频业务的无线缓存方案

1. 非编码无线缓存

针对普通视频业务,学界主要依据视频流行度进行缓存方案设计。视频流行度表征了视频的受欢迎程度,是给定时间段和特定区域内用户对特定视频的请求数与来自用户的请求总数之比。视频流行度的关键特征是,大多数人在特定时间段内仅对少数部分受欢迎的视频感兴趣,因此,这些少数受欢迎程度高的视频构成了网络中主要的流量负载[64]。

显然,在网络中缓存流行度较高的视频文件,可以有效降低网络负载,提升系统性能。近几年,对视频内容进行排名或衡量其流行度的研究很活跃。Zipf 分布最初用于对视频文件的流行度进行排名[36]。Famaey 等学者[37]提出一种通用的流行度预测算法,该算法从历史请求模式中吸取经验,并从常数函数、幂律分布、指数分布和高斯分布中选择了最佳拟合函数。然后,基于所选的最佳拟合函数估计将来的请求模式,并设计一种内容放置策略。Golrezei 等学者[38]发现,视频流行度分布在很长一段时间内是恒定的,其变化速度相对较慢。同时,视频流行度呈现较强的时间相关性,有些热点视频往往仅在产生之初受欢迎程度较高。另外,视频流行度呈现较强的区域相关性,某一视频在城市或国家等大范围的全局流行度与其在学校、工厂等小范围的流行度存在不一致性[39]。Xu 等学者[40]提出根据历史社交信息预测视频流行度的方案。Liu、Zeydan 等团队[41,42]基于 Hadoop 分布式计算平台监视大规模网络流量数据,并证明了该平台分析用户行为的高效性和经济性。Ma 等学者[43]通过使用高达 5 000 万项的真实数据集获得了一种移动视频请求流行度模型。Zeydan 团队率先利用机器学习算法对内容的流行度进行了预测,并通过主动边缘缓存证明了 QoE 的改进效果[42]。Qiu 等学者[65]考虑视频内容流行度的偏差问题,评估了内容流行度分布对网络容量的影响。Shi 等学者[66]提出了一种自适应视频流行度跟踪算法,用于无线接入网络中的动态内容缓存。

可以看出,视频流行度预测是影响缓存方案设计的主要因素。但是,当前的视频流行度预测方法大都基于静态分布,并且严重依赖于历史数据,并不是当前移动网络中视频流行度的真实反映。此外,针对视频流行度的预测大都以完整的视频文件为研究单位,实际上,用户对同一视频不同视频片段的喜好程度也有所不同,因而对视频流行度的预测还有很大的研究空间。再者,用户移动性也会影响视频流行度。用户移动性模型涉及空间属性和时间属性两部分:一是空间属性取决于物理位置,由于未来位置与当前位置高度相关,目前大多数研究将用户移动性模型描述为马尔可夫过程;二是时间属性反映了用户移动性的时间相关特征,目前大部分移动性模型研究均基于长期预测获得,无法及时反映用户的短期变化特征。因此,如何将用户移动性与视频流行度联合考虑,是缓存方案研究的重要方向。

2. MDS 编码缓存

随着对移动边缘缓存技术研究的不断深入,MDS 编码缓存技术脱颖而出。MDS 编码缓存是将文件进行拆分后,进行数据块的缓存或者编码后数据包的缓存。在缓存节点所缓存的每个内容的编码块之间无重叠,因此用户可以不区分编码块,只要获得一定数量的编码数据包就能够恢复出完整的文件内容。具体来讲,在一个 MDS(N,n)编码缓存系统中,每个文件被拆分成 n 个数据块,然后编码成 N 个数据包独立分布在缓存节点,所以任何一组 n 个数据包就足以还原原始内容[198]。MDS 编码缓存利用缓存节点叠加的缓存空间有效地提高了缓存效率、提升数据机密性、节约网络资源[7]等。近年来,MDS 编码缓存技术得到了学术界的广泛关注和研究。接下来将详细介绍 MDS 编码缓存应用的研究现状。

文献[198-201]从优化内容资源的角度研究如何利用 MDS 编码缓存实现内容的高效缓存和安全传输。根据 MDS 编码的特性,用户可以不区分编码块,只有在获得一定数量的编码块后才能恢复出原内容,否则不能够恢复请求的内容信息。基于此,文献[198]针对有窃听用户存在的异构网络,提出最优的 MDS 编码缓存策略最小化平均回程速率。D2D 缓存使用户能够更加便捷、高效地获取内容的同时,也带来了更为严峻的安全性挑战。文献[199]针对窃听用户存在的 D2D 网络,联合优化 MDS 编码缓存与功率分配以权衡内容的共享与安全传输问题。文献[200]在传统蜂窝网络中,提出了一种基于隐私信息保护的 MDS 编码缓存策略降低回程负载,并通过仿真验证了均匀缓存、最受欢迎文件缓存策略适用的场景。文献[201]在一种基于两跳的组合网络(Combination Networks)中,研究联合 MDS 编码缓存与传输策略,讨论了三种不同安全配置下组合网络的性能。

相对于非编码缓存,MDS 编码缓存不仅可以实现缓存的流量卸载作用,还可获得缓存内容的空间叠加增益和合作传输增益。文献[202]针对 MBS 与 SBSs 共存的异构边缘缓存网络,联合优化 MDS 编码内容缓存和协作传输策略降低用户获取内容的开销,还验证了 MDS 编码缓存在降低回程负载方面的优势。文献[203]提出一种联合 MDS 编码缓存和合作传输策略,降低视频传输延时以改善 QoE(用户体验质量)。文献[204]在 MBS 与缓存辅助节点组成的网络中,讨论了 MDS 编码缓存策略如何促进多点协作(Coordinated Multi-Point,CoMP)传输问题,通过仿真证明了 MDS 编码缓存策略比传统缓存策略能获得更高的平均可达速率。文献[205]基于异构缓存网络,设计 SBSs 的 MDS 缓存策略并协作传输内容给用户,从而有效地降低 MBS 与 SBSs 之间回程负载。文献[206,207]通过将 MDS 编码缓存问题转化为缓存各内容编码块的数量的问题,研究密集 SBSs 的 MDS 缓存策略,通过多个 SBSs 的 CoMP 传输降低网络的回程能耗和缓存能耗。文献[208]证明了基于 MDS 编码缓存的协作传输方案相比传统的协作传输方案会获得更高的自由度,从而提高网络的吞吐量。文献[209]基于 SBSs 有限的缓存空间,联合优化 MDS 编码缓存和功率控制来提高合作传输的概率。文献[210]研究联合 MDS 编码缓存和传输策略提高缓存增益,降低网络负载。文献[211]研究了 MDS 编码缓存策略降低文件下载延时。文献[212]在异构网络(Heterogenous Networks,HetNets)中研究多播感知的内容传输和协作 MDS 编码缓存策略降低回程负载。文献[213-215]在 D2D 网络中,研究用户侧的 MDS 编码缓存策略,缓存了视频内容的多个用户服务特定用户,从而降低内容传输开销及延时。文献[216]在无线视频流媒体网络中,基于 MDS 编码缓存策略研究 CoMP 联合处理技术降低网络功耗。此外,文献[217]在雾无线接入网络中,研究联合 MDS 编码缓存与传输策略以降低内容传输延时问题。以上文献研究的都是用户静止状态下的 MDS 编码缓存问题来提高服务质量。

移动性是用户的基本属性和无线移动网络的固有特性,研究移动场景下的 MDS 编码缓存技术具有现实意义。移动设备的激增导致用户 D2D 通信机会越来越多。在 D2D 缓存网络中,由于用户的移动性和无线信道衰落特征,用户可能无法从邻近的用户接收所请求视频的完整内容,所以就需要基站传输剩余的视频内容,这无疑会增加基站的负载。D2D 缓存将移动连接、视频内容"下沉"到离用户更近的物理位置,可以利用网络中终端的存储能力卸载基站的负载压力。文献[218,219]在基于移动性的 D2D 缓存网络中,研究了 MDS 编码缓存策略以降低基站传输负载。随着 SBSs 的密集化部署,用户在小区之间的切换越来越频繁,异构网络研究也广泛关注 MDS 编码缓存技术。文献[220-224]考虑了用户的移动性,研究密集 SBSs 的 MDS 编码缓存策略降低 MBS 负载及回程负载问题。文献[221,225]基于用户移动性研究 MDS 编码缓存策略提高异网络容量问题,通过仿真结果验证了编码缓存相比非编码缓存能更有效地提高网络容量。城市道路快速移动的车辆对于互联网依赖越来越明显,且车辆用户对于文件传输延时要求越来越高。因此,考虑到用户在高速公路移动的场景,文献[226]研究了异构车联网中的 MDS 缓存策略来降低视频内容传输延时问题。文献[227]在异构车辆网中,提出一种基于强化学习的动态 MDS 编码缓存策略,目的是通过在边缘 SBSs 上缓存流行内容以适应高速移动的车辆和热门文件的变化,从而提高车辆的下载速率。总之,在考虑移动性的 MDS 编码缓存网络中,用户的移动会增加缓存接入的机会,从而可以利用叠加的缓存空间提升内容传输的稳健性。

综上所述,现有的大量研究成果表明相比传统非编码缓存,在异构移动边缘缓存网络中引入 MDS 编码缓存可以更有效地降低内容传输延时、(回程)网络负载、提高缓存增益及网络性能。因此,MDS 编码缓存结合异构移动边缘网络中的资源分配技术,将更有利于提升异构缓存网络性能。

2.3.2 面向 SVC 视频业务的无线缓存方案

如 2.1.3 节所述,基于分层编码思想,SVC 视频可以保证用户以不同比特率下载相同内容[67,68]。显然,SVC 在无线网络中的传输具有先天优势,针对 SVC 视频进行缓存设计,既可以进一步为用户提供多种视频观看质量,也可以通过分层缓存的方式进一步降低网络的能量开销和播放延时,从而提升用户的体验质量。

国内外学者主要从以下几方面开展了 SVC 视频的无线缓存策略研究[44-47,50-53]。从提高 EE 的角度,Zhang 等学者研究了异构网络中面向 SVC 视频的节能缓存方案[44]。Jiang 等学者[45]对大型无线网络的缓存策略进行了分析和优化,揭示了 SVC 视频层之间的关系。Zhang 等学者[46,47]研究了 SVC 视频的分层缓存部署方案,通过在 SBS 的缓存设备中存储多个视频层,有效提高了视频传输的成功率。从提升用户 QoE 的角度,Wei 等学者研究了车辆中心网络中 SVC 视频的内容缓存问题,设计了一种基于视频层的缓存放置策略,改善了 SVC 视频传输业务的 QoE[48]。Wu 等学者分析了蜂窝网络中 SVC 视频的缓存与传输过程,提出了一种基于视频层的缓存策略以及与此相对应的传输策略[49],缓解了回程链路的拥塞程度,提升了用户满意度。Zhu 等学者基于模拟退火算法优化设计了针对 SVC 视频的缓存与功率分配策略[50]。从降低 SVC 视频传输延时的角度,Poularakis 和 Zhan 等学者[51,52]提出了一种缓存策略,有效减少了内容交付网络和异构无线网络中 SVC 视频的平均交付延时。Jedari 等学者[53]对缓存使能网络中的视频传输延时进行了分析表征,并根据可用度对视频层进行缓存。Zhan 等学者研究了 D2D 场景中 SVC 视频的传输与缓存问题,通过设计启发式的优化算法,获得了最小化平均下载时间优化问题的次优解[54]。

上述缓存方案可以有效提升 SVC 视频在无线网络中的传输性能,但是,如何利用 SVC 视频的可伸缩性以及网络架构的差异性和用户的移动性,设计更有效的缓存方案仍有较大的研究空间。

2.3.3 面向 VR 视频的无线缓存方案

VR 是一种人机界面技术,可以使用户在虚拟三维空间中[71]进行交互,为用户提供全景和沉浸式体验。目前,VR 技术在教育、军事训练和娱乐等许多领域都得到了诸多关注。据预测,到 2026 年,各种 VR 业务的市场估值将达到 1 846.6 亿美元,约为 2020 年市场估值的 11 倍[72];到 2035 年,移动/无线 VR 业务将呈现井喷趋势,VR 生态系统将成为数万亿美元的产业[73,74]。随着 VR 用户的快速增长,无线通信网络可能会成为传输瓶颈。针对无线 VR 视频的大带宽、低延时的传输要求,许多研究者开展了面向 VR 系统的缓存策略研究[55-63]。Chakareski 等学者[55]提出了一种用于 VR 系统的缓存内容替换方法,该方法可优化传输延时。同时,他们设计了一种优化框架,在给定缓存/计算资源的条件下,使用户回报最大化。Chen 等学者[56]研究了无人机(Unmanned Aerial Vehicle,UAV)VR 网络的缓存方案,他们提出了一种分布式深度学习算法,通过结合液态状态机(Liquid Status Machine,LSM)和 ESN 等神经网络思想,能有效解决内容缓存和传输优化问题。Elbamby 等学者[57]提出了一种用于超可靠低延时 VR 传输的主动计算与毫米波通信系统。通过利用相关用户的信息,设计了主动计算与缓存算法,以最大程度地减少计算延时。Schaufler 等学者[58]提出了一种用于 3DVR 图像的内容缓存方法,该方法可用于加速图形工作站的图像渲染。Bastug、Chen 等学者[59,60]分析了无线 VR 网络中缓存策略面临的挑战和收益,并设计了基于雾无线接入网络架构(Fog Computing based Radio Access Network,F-RAN)的缓存方案[59]。Sun 等学者[61]提出了一种基于移动边缘计算(Mobile Edge Computing,MEC)的 VR 交付框架,该框架能够预先缓存部分视场(Field of Vision,FoV)数据,并在移动 VR 设备上运行某些后处理程序。Mahzari 等学者[62]提出了一种基于用户请求模型的 FoV 感知缓存策略,与传统缓存策略相比,该缓存策略将缓存命中率提高了至少 40%。Gao 等学者[63]设计了基于网络功能虚拟化(Network Functions Virtualization,NFV)的虚拟缓存(vCache),可以对存储和计算成本进行权衡,从而降低 VR 视频流业务的运营成本。

上述针对 VR 设计的无线边缘缓存策略,能够有效降低网络负载和传输延时。但是,上述研究并未从挖掘利用 VR 视频内在特性的角度进行缓存方案设计,缓存性能还有较大提升空间。

2.4 无线多播

由于无线信道的广播特性,在发送节点(基站、用户终端)覆盖范围内的所有节点都可以收到无线信号。利用这一特性,可以使基站发送能够被多个用户正确接收的相同信号,从而提升无线频谱资源的利用效率[75,76]。无线多播技术早在20世纪90年代就得到了研究人员的关注,目前已有大量的研究成果。面向视频业务的多播方案总结如表2-2所示。

表2-2 面向视频业务的无线多播方案总结

类别	研究成果	潜在研究方向
面向SVC视频的无线多播	提高能量效率的多播方案[77-80],提高频谱效率的多播方案[45,81-83],提高可靠性的多播方案[84,85]	与边缘缓存、网络编码、D2D等技术联合设计
面向多视角视频的无线多播	提高功率效率的多播方案[86,87],提高带宽效率的多播方案[88-92]	与边缘缓存、网络编码、D2D等技术联合设计
面向VR视频的无线多播	提高视频质量的多播方案[93-100],提升实时性的多播方案[101-103],降低能耗的多播方案[104,105]	挖掘视频特性,与边缘缓存、网络编码、D2D等技术联合设计

2.4.1 面向SVC视频的无线多播方案

针对SVC视频业务的多层编码特性,研究人员主要从提高能量效率、频谱效率和可靠性等方面开展了多播方案研究。从提高能量效率的角度,Shin、Lim等学者分别提出一种面向无线局域网的SVC视频多播系统,基于"对基本层进行多播、对增强层进行单播"的传输方案,有效降低了系统能耗[77,78]。Cheng等学者研究了自组织网络中的SVC视频多播问题,基于一种多树路由方案,实现了SVC视频QoS与能效的权衡[79]。Guo等学者基于SVC的分层结构、重叠编码以及串行干扰消除技术,提出了一种多质量多播波束成形方案,有效提高了功率效率[80]。从提高频谱效率的角度,Zhou等学者研究了异构蜂窝网络中SVC视频多播问题,实现了资源分配和用户关联的联合优化[81]。上海交通大学Cui教授团队的Jiang等学者针对大规模无线网络中SVC视频多播问题进行了研究,设计了一种随机缓存与多播方案,取得了较好的传输效果[45]。最近,Wu等学者提出了一种用于命名数据网络(Named Data Networking,NDN)多播的自适应视频流传输方案,该方案以SVC机制为基础,有效提高了组内用户的接收吞吐量[82]。Araniti等学者利用SVC视频的分层编码特性,设计了一套针对基本层和增强层的分组多播方案,可同时提高网络的可扩展性和频谱效率[83]。从提高可靠性的角度,Wang等学者率先提出了基于SVC编码和网络编码相结合的无线视频多播系统[84]。在将网络编码与SVC分层视频内容相结合的基础上,Wang等学者进一步提出了一种D2D协作多播方案,有效提高了异构蜂窝网络SVC视频交付的可靠性和吞吐量[85]。

2.4.2 面向多视角视频的无线多播方案

基于多视角视频的可合成特性,研究人员从提高功率效率和带宽效率的角度开展了多播方案研究。从提高功率效率的角度,Zhao等学者率先对多视角视频进行了多播研究,他们设计了一套单服务器多用户无线多视角视频传输系统,通过对功率和子载波分配进行优化,有效降低了总的传输功率[106,107]。Cui 教授团队的 Xu 等学者在给定视频质量请求的前提下,通过优化视角选择、传输时间和功率分配,有效提升了多视角视频传输的能量效率[108,109]。从提高带宽效率的角度,Lee 等学者基于对视角和调制编码方案的选择优化,有效降低了多视角 3D 视频多播带宽消耗[88,89]。进一步地,Kuo、Chen 等学者先后针对 VR 视频设计了带有视角合成功能的高效多播方案,能够将带宽消耗减少 50% 以上[90,91]。此外,Chen 等学者提出了一种多视角分配算法,能够提高 VR 视频在多个无线接入点(Access Point,AP)的多播发送质量[92]。

2.4.3 面向 VR 视频的无线多播方案

针对 VR 视频的高速率和实时交互特性,研究人员主要从提高视频质量、提升实时性和降低能耗的角度开展了多播方案研究。从提高视频质量的角度,Cui 教授相关团队率先提出了用于多贴片 360° VR 视频的多播传输方案,通过优化正交频分多址接入(Orthogonal Frequency Division Multiple Access,OFDMA)系统的子载波、传输功率和传输速率分配,可实现接收视频质量的最大化[93]。此外,Park 等学者[94]提出了一种用于多质量贴片 VR 视频的多会话多播(Multiple Session Multicast,MSM)系统,该系统联合优化了用户分组、无线资源分配和分贴片视频速率选择。Bao 等学者提出了一种基于运动预测的多播方案,有效节省了 360°视频的传输带宽[95,96]。Kan 等学者提出了一种用于多用户自适应 360°视频的多播/单播混合传输策略,能够在带宽受限环境下确保用户的整体体验质量(QoE)[97]。Yang 等学者提出了一种基于 HC-RAN 的 VR 视频多播/单播混合传输方案。在该方案中,视频的基本版本和增强版本分别通过 gNB 多播和 RRH 单播传输,有效提升了视频质量[98]。Basaras 等学者以 LTE 频谱资源消耗最小化和视频交付质量最大化为目标,分别设计了基于 LTE 多播和 WiFi 单播的混合传输架构,有效提升了 360°视频的交付效果[99,100]。从提升实时性的角度,Perfecto 等学者提出一种基于深度学习的 360° VR 视频多播方案,通过将 FoV 视场预测与观众位置相结合,有效降低了 VR 视频传输延迟[101,102]。Eltobgy 等学者提出了一种 VRCast 解决方案,该方案在 LTE 测试平台进行了物理实现,能够有效支持用户的实时交互,优化移动接收端能耗,并保证 360°视频内容的平滑性和移动用户之间的公平性[103]。从降低能耗的角度,Cui 教授团队通过优化传输时间和功率分配有效降低了 VR 系统的平均传输能量[104]。进一步地,该团队在多播方案设计中分别考虑了视场质量绝对平滑度和相对平滑度对系统性能的影响,通过优化传输资源分配、播放质量等级选择和传输质量等级选择,实现了能耗最小化的目标[105]。

综上所述,一方面,基于视频内在属性设计无线多播方案,能够有效提升视频传输效果,现有方案对 SVC 视频的分层编码特性和多视角视频的视角合成特性进行了充分利用,但对于 VR 视频业务(尤其是多质量贴片 VR 视频)特性的挖掘还有较大空间。另一方面,无线多播与边缘缓存、网络编码、D2D 等技术相结合,能够进一步提升视频交付性能、降低网络负载。随着 D2D 技术的标准化,开展基于侧链路辅助的无线多播研究,具有重要价值。

第 3 章　用户移动性和视频片段流行度感知的无线边缘缓存

3.1　引　　言

随着在线/移动社交媒体和移动网络的快速发展,移动视频流量急剧增加,对未来无线网络的吞吐量和延时特性提出了更高的要求。为了有效地应对这种流量增长,在扩展新频谱、使用新的物理层技术来提升频谱效率、提高吞吐量的基础上,基于新型网络架构设计视频传输系统并运用无线边缘缓存技术,防止不必要的流量转发和出现较大的延时,已成为学术界和产业界的关注方向。

NG-RAN 无线接入网络架构是 5G 标准推出的新型无线接入网络架构,该架构基于池化和云处理技术,可有效提高频谱效率、网络容量,以及提升资源分配和操作的灵活性[7-13]。受益于中心云处理器强大的计算能力和存储资源,NG-RAN 不仅可以卸载高数据流量,还可以通过解析海量数据了解用户信息,如内容请求分配模式和用户移动性模式等。此外,可通过在 NG-RAN 网络边缘部署缓存节点,对高流行度的视频内容进行缓存,有效提升视频业务的延时性能[110,111]。值得注意的是,相比较传统蜂窝网络,NG-RAN 的缓存结构具有分层和协作特性。一方面,由于与 RRH 同站址的分布式单元 DU 不仅可实现物理(PHY)层功能,还可实现介质访问控制(MAC)层和无线链路控制(RLC)层的功能,因而缓存不仅能在具有丰富计算和存储资源的 CU 池上部署,也能在 DU 上部署;另一方面,由于 DU 和 CU 池可以通过高带宽 CPRI 链路相连,DU 和 CU 池缓存的数据可以被快速存取与交换。因而,基于 NG-RAN 架构进行视频业务传输,具有先天的性能优势。

尽管目前已经有一些研究成果设计了协作缓存方案[22,112-114],但还存在着以下一些挑战。

当前大多数缓存方案基于固定的网络拓扑而忽略了用户的移动性。实际上,用户在网络覆盖范围内移动是移动网络的典型特征,用户与 RRH(DU)的关联关系会随时间发生变化,影响网络拓扑和视频数据流向。因而,为在现实移动场景下充分发挥缓存优势,用户移动性是需要考虑的重要因素。

另外,大多数视频边缘缓存研究都假定用户始终可以成功观看完整的视频文件,即缓存的内容以视频文件为基本单位。但是,在以下情况下这种假定并不成立:

(1) 用户在不同 AP、RRH 或基站间移动时,可能发生由于切换导致的视频流中断或停顿现象;

(2) 当用户远离基站时,由于使用较低的调制编码方案,视频的分辨率或比特率会降低;

(3) 用户对观看的视频内容缺乏兴趣。因此,在缓存策略中考虑更细粒度的视频片段流行度,将对缓存性能的提升起到重要作用。

基于上述讨论,本章开展 NG-RAN 框架下面向普通无线视频业务的主动边缘缓存优化研究。与已有研究工作不同,所提缓存方案利用了 NG-RAN 的缓存架构的分层和协作特性,同时考虑了用户移动性、不同视频文件的流行度,以及同一视频文件不同视频片段的流行度,具体为:

① 设计了基于 CU 池和 DU 的二层缓存架构,针对数据缓存位置对系统性能(在 CU 池中缓存数据能够被更多用户使用,但传输延时相对较大;在 DU 中缓存数据能够被相对较少的关联用户使用,但具有更低的传输延时)的影响,对视频内容在不同位置的缓存比例进行了优化。

② 针对用户移动性和用户观看行为特点对缓存性能的影响,量化了用户移动概率和细粒度的视频片段流行度。

③ 基于量化的用户移动概率和视频片段流行度,设计了两种主动缓存算法,有效降低了平均传输延时。

本章内容安排如下:3.2 节介绍了系统缓存模型,用户移动性模型,以及视频片段流行度模型。3.3 节对最小化平均传输延时问题进行了建模与分析。3.4 节提出了"用户移动性感知"和"用户移动性与视频片段流行度联合感知"两种主动缓存算法(MAPCaching 和 MAPPCaching),阐述了算法流程,分析了算法的复杂度。3.5 节对所提算法进行仿真模拟,并给出了性能比较结果。3.6 节对本章工作进行了总结。

本章的重要符号汇总如表 3-1 所示。

表 3-1 符号表示

符号	描述
$\mathcal{R}, |\mathcal{R}|, r$	RRH(DU)集合,RRH(DU)数量,第 r 个 RRH(DU)
$\mathcal{F}, |\mathcal{F}|, f$	视频集合,视频文件数量,第 f 个视频文件
$\mathcal{K}, |\mathcal{K}|, k$	视频片段集合,某一视频文件的视频片段数量,第 k 个视频片段
$\mathcal{U}, |\mathcal{U}|, u$	移动用户集合,用户数量,第 u 个用户
$\ell_u(t), z_u(t)$	t 时刻用户 u 的位置与速度
$q_{r,u}$	用户 u 移动到候选 RRH r 的概率
$d_{r,u}$	用户 u 与 RRH r 的距离
C_0, C_r	CU 池、DU 的缓存容量
τ	时隙
t_S	视频源服务器到 CU 池缓存的单比特平均传输延时
t_0	CU 池缓存到 RRH(DU) 的单比特平均传输延时
$t_{r,u}$	DU r 缓存到用户的单比特平均传输延时
$B_r, B_{r,u}$	RRH r 的总带宽,RRH r 与其关联用户 u 的带宽
V_0	RRH(DU)与 CU 池总的数据速率
V_S	CU 池与视频源服务器的总的数据速率

3.2 系统模型

图 3-1 所示为基于 NG-RAN 的视频传输系统架构示意图。系统由一个视频源服务器、CU 池、若干个 RRH、DU 和用户组成。其中,视频源服务器负责存储视频文件,视频文件集合用 $\mathcal{F}=\{1,2,\cdots,f,\cdots,|\mathcal{F}|\}$ 表示,每个视频文件由 $\mathcal{K}=\{1,2,\cdots,k,\cdots,|\mathcal{K}|\}$ 个连续片段组成。不失一般性,假设视频片段的大小相等,用 SEG_{size} 表示。

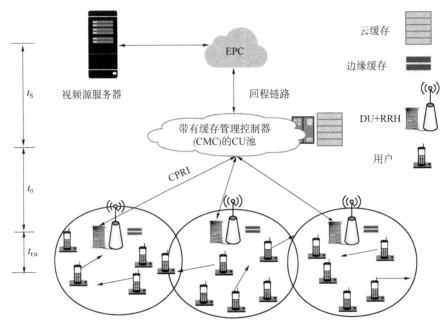

图 3-1 基于 NG-RAN 的视频传输架构

RRH 与 DU 同站址高速互连,DU 通过 CPRI 接口与 CU 池相连。由于 RRH 与 DU 一一对应,RRH 集合和 DU 集合均可用 $\mathcal{R}=\{1,2,\cdots,r,\cdots,|\mathcal{R}|\}$ 表示。用户集合用 $\mathcal{U}=\{1,2,\cdots,u,\cdots,|\mathcal{U}|\}$ 表示,尽管系统中各 RRH 的覆盖区域有重叠,但一个用户只能同时被一个 RRH 服务。CU 池中部署了容量为 C_0 字节的云缓存;DU r 上部署了容量为 C_r 字节的边缘缓存,通常 C_0 远大于 C_r。当 CU 池或 DU 缓存了所需的视频片段时,用户能够直接从 CU 池或 DU 的缓存中获取所需的视频片段,从而减轻流量并减少前传和回传链路的传输延时;否则,用户需要从远端的视频源服务器获取所需的视频数据。

为充分利用 NG-RAN 的计算资源并快速求解优化问题,在 CU 池中设计了缓存管理控制器(Cache Management Controllar,CMC)。如图 3-2 所示,CMC 主要包括以下模块:

(1) 移动性估计模块。该模块用于记录用户的运动轨迹,预测用户移动到候选 RRH 的概率 $q_{r,u}$,并将其记录在"用户-RRH 移动概率表"(User-RRH Mobile Probability Table, URMPT)中。

(2) 带宽估算模块。根据 URMPT 和历史请求信息,模块计算每个可用带宽 $B_{r,u}$。

(3) 用户视频片段请求表(User Video-Segment-Requests Table,UVSRT)。UVSRT 记录用户在当前时隙及历史请求视频片段的索引值,可用于带宽估计并影响缓存决策。

(4) 缓存调度模块。该模块主要负责缓存放置与替换。

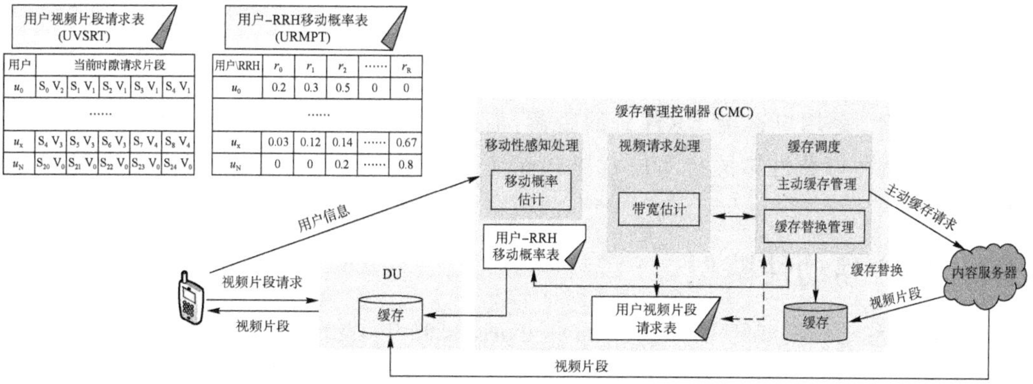

图 3-2　NG-RAN 中的缓存管理控制器(CMC)框架示意图

3.2.1　延时模型

在系统中,数据下载过程主要涉及传输延时、传播延时、处理延时(计算延时)和排队延时等。其中,传播延时与传播距离成定量关系,系统模型假定数据从视频源发送到 CU 池的路径唯一,不涉及路由选择过程;CU 池和各个 RRH 间的传播路径近似相同;虽然 RRH(DU)和用户间的距离随时间变化,但其绝对距离一般较小,因而本章不对传播延时进行考虑。另外,处理延时相对较小,一般在微秒量级,本章也不做考虑。排队延时主要由核心网中的路由交换设备处理数据包排队产生,其延时与数据流量直接相关,一般在毫秒或微秒量级。为简化分析,本章将排队延时和传输延时合并考虑,统称为传输延时。

受 Gkatzikis、Tran 和 Chen 等研究成果的启发[112,115,116],用 t_S 和 t_0 分别表示将单比特数据从源服务器传输到 CU 池缓存以及从 CU 池缓存传输到 RRH(DU)的平均延时,其定义如下:

$$t_S = \frac{1}{V_S/|U|} \tag{3-1}$$

$$t_0 = \frac{1}{V_0/|U|} \tag{3-2}$$

式中,V_0 和 V_S 是先验已知项,分别表示前传链路(DU 和 CU 池之间)和回程链路(CU 池与源服务器之间)总的数据速率。

假设 RRH r 使用固定功率 P_r 发送视频数据,其总带宽为 B_r。考虑到用户位置和请求内容的差异性,每个关联到 RRH r 的用户 u 的可用带宽 $B_{r,u}$ 由缓存管理控制器分配得到。用 $t_{r,u}$ 表示用户 u 从 DU r 的缓存直接获取请求单比特视频数据的传输延时,可表示如下:

$$t_{r,u} = \frac{1}{B_{r,u} \log_2(1+\gamma_{r,u})} \tag{3-3}$$

式中,$\gamma_{r,u}$ 表示用户 u 在其关联的 RRH r 中的平均信干比,由式(3-4)计算:

$$\gamma_{r,u} = \frac{P_r h_{r,u}}{\sigma_0^2} \quad (3\text{-}4)$$

式中，$h_{r,u}$ 和 σ_0^2 分别表示信道衰落和噪声功率，$h_{r,u}$ 由 $\frac{A_d}{(d_{r,u})^\eta}$ 给出（A_d 是大尺度衰落模型的常数系数，$d_{r,u}$ 是用户 u 与 RRH r 的距离，而 η 是路径损耗指数）需要说明的是，由于 RRH 间的干扰可以通过相关技术进行协调和规避[117]，为简化分析，本章不考虑 RRH 间的干扰[118,119]。

3.2.2 用户移动性模型

构建用户移动性模型的方式较多，如 Poularakis 和 Tassiulas[120] 提出的基于马尔可夫链的用户移动性模型、Wang 等人[121] 提出的基于用户连接时间关系的用户移动性建模等，但大都以高斯-马尔可夫过程的用户移动性模型[122] 为基础。为此，本章采用高斯-马尔可夫过程来表征用户移动性[122]。设向量 $\ell_u(t) = (\ell_{ux}(t), \ell_{uy}(t))$ 和 $z_u(t) = (z_{ux}(t), z_{uy}(t))$ 分别表示用户 u 在时间 t 的位置和速度，其中 x 和 y 表示二维（Two-Dimension，2-D）区域中两个正交分量的下标区域。则下一个时隙的速度由式（3-5）给出

$$z_u(t+1) = \rho z_u(t) + (1-\rho)\mu + \beta\sqrt{1-\rho^2}\,w(t) \quad (3\text{-}5)$$

式中，ρ 是反映当前速度如何影响未来速度的参数，$\mu = (\mu_x, \mu_y)$ 和 β 代表速度的中心趋势和离散度，而 $w(t)$ 是独立的二维高斯过程，均值为 0，方差为 1。假定参数 μ，β 和 ρ 是先验的，用户 u 在下一个时隙中的位置可以表示为

$$\ell_u(t+1) = \begin{cases} \ell_u(t), & \text{如果用户超界} \\ \ell_u(t) + z_u(t)\Delta T, & \text{其他} \end{cases} \quad (3\text{-}6)$$

当用户超出界限时，其在下一个时隙的位置将保持不变。

基于上述高斯-马尔可夫过程，可以求得用户的移动性概率。令 $q_{r,u}$ 表示用户 u 关联到 RRH r 的概率，该结果根据以下策略确定：

$$q_{r,u} = \prod_{i \in \mathcal{R}, i \neq r} \mathbf{P}(d_{r,u}^2 < d_{i,u}^2) \quad (3\text{-}7)$$

式中，$d_{r,u}$ 表示用户 u 和 RRH r 之间的距离，$d_{i,u}$ 表示用户 i（$i \neq u$）和 RRH r 之间的距离。

显然，用户移动性对缓存策略具有重要影响。例如：假设用户 u 在时隙 τ 处由 RRH i 服务，其在时隙 $\tau+1$ 处移动到 RRH j 和 RRH j' 的可能性分别为 70% 和 30%，则将所需视频数据更多地缓存在 RRH j，有助于提升缓存性能。

3.2.3 视频片段流行度模型

根据 3.1 节对用户请求视频模式的分析，缓存策略不仅应考虑视频文件的流行度，还应根据用户观看行为习惯评估更细粒度的视频片段流行度。

一般来说，用户在请求视频时会遵循以下原则：

（1）用户一般从视频的起始片段开始观看；

（2）用户总是在观看当前片段后请求当前视频文件的下一个片段或另一个视频文件的起始片段。

此外，参考已有模型，将观看过程大致分为高偏离率 p_F 的浏览阶段和低偏离率 p_B 的

观看阶段。将 15% 的观看率设为两阶段的边界[123]。由于 Zipf 分布已被确定为视频受欢迎程度[124]的适当近似值,因此用户请求视频 f 第一片段的概率 Λ_f 可表示为

$$\Lambda_f = \frac{\frac{1}{f^\alpha}}{\sum_{i=1}^{|F|} \frac{1}{i^\alpha}}, \quad f = 1, 2, \cdots, |F| \tag{3-8}$$

式中,α 是确定分布偏离度的参数。

根据上述模型,如果当前正在下载视频 f 的片段 k,则在下一个时隙中请求视频 n 的片段 ν 的概率为

$$P\{(\nu,n)|(f,k)\} = \begin{cases} 1-p_h, \nu=f, n=k+1, k \leqslant 0.15|K_f| \\ 1-p_l, \nu=f, n=k+1, k > 0.15|K_f| \\ \dfrac{p_F \Lambda_\nu}{1-\Lambda_f}, \nu \neq f, n=1, k \leqslant 0.15|K_f| \\ \dfrac{p_B \Lambda_\nu}{1-\Lambda_f}, \nu \neq f, n=1, k > 0.15|K_f| \\ 0, \text{其他} \end{cases} \tag{3-9}$$

基于此,可以利用马尔可夫过程分析得到用户 u 请求视频 f 片段 k 的概率 $p_{u,f,k}$,即视频片段流行度。假设用户请求的初始状态为 Ω,$p_{u,f,k}$ 的计算过程如表 3-2 所示,具体为

步骤 1:输入 Ω、$P\{(\nu,n)|(f,k)\}$ 以及视频片段数 $|\mathcal{K}|$,文件数 $|\mathcal{F}|$ 和 Λ_f;
步骤 2:基于 Ω、$P\{(\nu,n)|(f,k)\}$、$|\mathcal{K}|$、$|\mathcal{F}|$ 以及 Λ_f 获得马尔可夫状态转移矩阵 $\boldsymbol{H}$;
步骤 3:计算 $\boldsymbol{H}$ 的特征值和特征向量;
步骤 4:通过 Ω,$\boldsymbol{H}$ 的特征值和特征向量,进一步获得相应的系数;
步骤 5:获得稳定状态;
步骤 6、7:得到 $p_{u,f,k}$ 并输出。

表 3-2 视频片段流行度

Algorithm 视频片段流行度
1. **Input**:$|\mathcal{K}|$,$|\mathcal{F}|$,$P\{(\nu,n)|(f,k)\}$,Λ_f 和 Ω;
2. 计算 $\boldsymbol{H}$(利用 $|\mathcal{K}|$,$|\mathcal{F}|$,$P\{(\nu,n)|(f,k)\}$ 和 Λ_f);
3. 计算 $\boldsymbol{H}$ 矩阵的特征值及其特征向量;
4. 计算系数(利用 Ω 以及上一步求出的特征值和特征向量);
5. 计算稳定状态;
6. $p_{u,f,k}$ = 稳定状态;
7. **Output**:$p_{u,f,k}$,视频片段流行度.

3.3 问题建模

本章旨在通过设计有效的主动缓存方案使视频片段的平均传输延时最小化。显然,基于 NG-RAN 的分层特性,视频数据既可以缓存在 DU 中,也可以缓存在 CU 池中。此外,针对移动用户连续流畅地观看高分辨率视频的实际需求,可以利用用户关联到某小区的概率

进行缓存决策,从而在用户关联之前完成视频内容从远程视频服务器到 CU 池和/或待关联 RRH(DU)的预分发。当移动用户接入到新 RRH(DU)后可立即完成视频内容的本地下载,有效降低平均传输延时。另外,考虑到视频片段流行度对缓存效果的影响,同时将用户移动性和视频片段流行度作为缓存决策依据,可进一步提升系统性能。

下面就"用户移动性感知"和"用户移动性和视频片段流行度联合感知"的延时最小化问题进行具体表述。

3.3.1 用户移动性感知的延时最小化问题

考虑到用户移动性对传输性能的影响,提出以最小化平均传输延时 $\overline{T}$ 为目标的缓存优化问题,如式(3-10)所示。

$$\min_{x_{r,u,f}, x_{0,u,f}} \overline{T} = \sum_{u \in \mathcal{U}} \sum_{f \in \mathcal{F}} \left(\sum_{r \in \mathcal{R}} t_{r,u} P_{r,u,f} + (t_0 + t_{r,u}) P_{0,u,f} + (t_S + t_0 + t_{r,u}) P_{S,u,f} \right) \quad (3\text{-}10)$$

式中,$P_{r,u,f}$ 表示 DU r 直接为用户 u 提供视频文件 f 的概率,$P_{0,u,f}$ 表示 CU 池为用户 u 提供视频文件 f 的概率,而 $P_{S,u,f}$ 表示视频源为用户 u 提供视频文件 f 的概率,分别如式(3-11)、式(3-12)和式(3-13)表示。

$$P_{r,u,f} = q_{r,u} x_{r,u,f} \quad (3\text{-}11)$$

$$P_{0,u,f} = x_{0,u,f} \quad (3\text{-}12)$$

$$P_{S,u,f} = 1 - \sum_{r \in \mathcal{R}} P_{r,u,f} - P_{0,u,f} \quad (3\text{-}13)$$

式中,$x_{r,u,f}$ 和 $x_{0,u,f}$ 是优化变量,分别表示一个时隙内 DU r 和 CU 池中待缓存的数据与用户 u 请求总数据的比例。

将式(3-11),式(3-12)和式(3-13)带入式(3-10)中,则原始目标函数可以表示为

$$\min_{x_{r,u,f}, x_{0,u,f}} \overline{T} = |\mathcal{U}||\mathcal{F}|(t_S + t_0 + t_{r,u}) - \mathcal{T}_0 - \mathcal{T}_1 \quad (3\text{-}14)$$

式中,$\mathcal{T}_0$ 和 $\mathcal{T}_1$ 分别表示如下:

$$\mathcal{T}_0 = \sum_{u \in \mathcal{U}} \sum_{f \in \mathcal{F}} \sum_{r \in \mathcal{R}} (t_S + t_0)(q_{r,u} x_{r,u,f}) \quad (3\text{-}15)$$

$$\mathcal{T}_1 = \sum_{u \in \mathcal{U}} \sum_{f \in \mathcal{F}} (t_S - t_0) x_{0,u,f} \quad (3\text{-}16)$$

由于 $|\mathcal{U}||\mathcal{F}|(t_S + t_0 + t_{r,u})$ 与优化变量无关,目标函数可以转换为以下函数:

$$\max_{x_{r,u,f}, x_{0,u,f}} \overline{\Gamma} = \mathcal{T}_0 + \mathcal{T}_1 \quad (3\text{-}17\text{a})$$

$$\text{s.t.} \sum_{u \in \mathcal{U}} x_{r,u,f} N_u \leqslant \min(C_r, N_r) \quad (3\text{-}17\text{b})$$

$$\sum_{u \in \mathcal{U}} x_{0,u,f} N_u \leqslant \min(C_0, N_0) \quad (3\text{-}17\text{c})$$

$$\sum_{r \in \mathcal{R}} q_{r,u} x_{r,u,f} + x_{0,u,f} \leqslant 1 \quad (3\text{-}17\text{d})$$

$$\forall x_{r,u,f} \leqslant \min(1, N_r/N_u) \quad (3\text{-}17\text{e})$$

$$\forall x_{B,u,f} \leqslant \min(1, N_0/N_u) \quad (3\text{-}17\text{f})$$

$$\forall r \in R, \forall u \in U, \forall f \in F \quad (3\text{-}17\text{g})$$

式中,N_r 表示在一个时隙内所有用户可以从 DU r 获得的缓存数据量。类似地,N_0 表示

在一个时隙内所有用户可以从 CU 池中获取的缓存数据量，N_u 表示一个时隙内用户请求的数据量。约束式(3-17b)和式(3-17c)分别表示 DU 或 CU 池中能够缓存的数据量不能超过其缓存容量。约束式(3-17d)表示，对于每个用户，DU 和 CU 池上的缓存数据之和不大于请求的数据量。最后，约束式(3-17e)和式(3-17f)表示为某一用户缓存在单个 DU 或 CU 池中的数据量不能超过该用户请求的数据量。

可以证明，当 DU 和用户数量较大时，式(3-17a)中的缓存放置优化问题是 NP-hard 的[125]。

3.3.2 用户移动性和视频片段流行度联合感知的延时最小化问题

在上一小节基础上，本小节进一步考虑视频片段流行度对缓存效果的影响。首先，引入新的二进制变量 $b_{r,f,k}$ 和 $b_{0,f,k}$，分别表示视频文件 f 的第 k 个片段在 DU r 和 CU 池的缓存状态，变量为"1"时表示该数据已经缓存，否则变量为"0"。因此，用户 u 从 DU，CU 池和视频源服务器请求数据的传输延时 T_u^R, T_u^0, T_u^S 分别定义如下：

$$T_u^R = \sum_{f \in \mathcal{F}} \sum_{r \in \mathcal{R}} \sum_{k \in \mathcal{K}} t_{r,u} q_{r,u} p_{u,f,k} b_{r,f,k} \tag{3-18}$$

$$T_u^0 = (t_0 + t_{r,u}) \sum_{f \in \mathcal{F}} \sum_{k \in \mathcal{K}} p_{u,f,k} b_{0,f,k} \tag{3-19}$$

$$T_u^S = (t_S + t_0 + t_{r,u}) \sum_{f \in \mathcal{F}} \sum_{k \in \mathcal{K}} S_{f,k} \tag{3-20}$$

式中，$S_{f,k} = (1 - p_{u,f,k} b_{0,f,k} - \sum_{r \in \mathcal{R}} q_{r,u} p_{u,f,k} b_{r,f,k})$。

用户 u 的总传输延时 T_u 可以表示为

$$T_u = T_u^R + T_u^0 + T_u^S \tag{3-21}$$

为使所有用户的平均传输延时最小化，重新构造以下目标方程：

$$\min_{b_{r,f,k}, b_{0,f,k}} \overline{T} = \sum_{u \in \mathcal{U}} T_u \tag{3-22a}$$

$$\text{s.t.} \sum_{u \in \mathcal{U}} \sum_{k \in \mathcal{K}} k q_{r,u} p_{u,f,k} b_{r,f,k} \leqslant \min(C_r, N_r) \tag{3-22b}$$

$$\sum_{u \in \mathcal{U}} \sum_{k \in \mathcal{K}} k p_{u,f,k} b_{0,f,k} \leqslant \min(C_0, N_0) \tag{3-22c}$$

$$b_{0,f,k} + \sum_{r \in \mathcal{R}} b_{r,f,k} = 1 \tag{3-22d}$$

$$b_{r,f,k} \in \{0,1\}, b_{0,f,k} \in \{0,1\} \tag{3-22e}$$

与目标方程(3-17a)类似，上述 0~1 ILP 问题也是 NP-hard 的。

3.4 视频缓存算法

由于上述原始问题是 NP-hard 的，无法在多项式时间内获得最优解，本节提出"用户移动性感知的主动缓存"和"用户移动性和视频片段流行度联合感知的主动缓存"两种启发式算法进行求解。

3.4.1 用户移动性感知的主动缓存算法

考虑到用户短时间移动范围的确定性，整个 NG-RAN 可以划分为多个独立、互不干扰的子集、每个子集中仅包含少数几个 RRH（DU）和用户。针对每个子集，问题（3-17a）变成中等规模的线性规划（Linear Programming，LP）问题，其求解复杂度大大降低。根据 3.3.1 节建模结果，式（3-17a）定义为线性目标方程矢量 ε，约束式（3-17b）、式（3-17c）、式（3-17d）、式（3-17e）、式（3-17f）中"≤"符号左侧和右侧分别构成线性不等式约束矩阵 A 和线性不等式约束矢量 b，可用标准工具箱求解。基于此，本节设计提出一个低复杂度的 MAPCaching 算法，如表 3-3 所示，具体流程如下。

表 3-3　用户移动性感知的主动缓存算法（MAPCaching）

Algorithm 用户移动性感知的主动缓存算法（MAPCaching）
1.　　Input：$\|\mathcal{U}\|,\|\mathcal{R}\|,N_r,N_0$,URMPT,UVSRT.
2.　　初始化：DU 和 CU 池缓存未占用
3.　　While TRUE
4.　　　估计所有 $q_{r,u}$；
5.　　　基于 $q_{r,u},N_r,N_0$ 计算 A,ε；
6.　　　计算 b；
7.　　　计算 $x_{r,u,f},x_{0,u,f}$（利用 A,ε,b）；
8.　　　For $u=1:\|\mathcal{U}\|; u'=1:\|\mathcal{U}\|; u \neq u'$
9.　　　　查找 UVSRT 表；
10.　　　 If $x_{r,u,f}==x_{r,u',f}$
11.　　　　合并 $x_{r,u,f}$（基于 $x_{r,u',f}$）
12.　　　　合并 $x_{0,u,f}$（基于 $x_{0,u',f}$）
13.　　　 EndIf
14.　　　EndFor
15.　　　If 缓存已满
16.　　　　删除最不常使用数据
17.　　　EndIf
18.　　　缓存 $x_{r,u,f}$ 和 $x_{0,u,f}$
19.　　EndWhile
20.　　Output：$x_{r,u,f},x_{0,u,f}$

步骤 1：在每个时隙的起始时刻，估算用户移动性概率。

步骤 2：由 N_r,N_0 和估计的 $q_{r,u}$ 得到 A,ε 和 b。

步骤 3：利用 A,ε 和 b 确定粗粒度的待缓存数据 $x_{r,u,f}$ 和 $x_{0,u,f}$。

步骤 4：针对不同用户可能请求相同视频文件的情况，算法通过搜索 UVSRT 表过滤重复请求的待缓存数据。

步骤 5：如果缓存已满，替换最不常用数据。

步骤 6：缓存数据。

3.4.2　用户移动性和视频片段流行度联合感知的主动缓存算法

与 3.4.1 节类似，采用划分子集合的方式进行求解，可有效降低原问题（3-22a）的复杂度。求解 0－1ILP 问题的方法很多，如 ip_solve，CPLEX，LP（MILP）和 yalmip 等。考虑到 CPLEX 更适合大型变量，并且比其他方法的运行速度更快，在此采用 CPLEX 工具。针对问题(3-22a)提出的用户移动性和视频片段流行度联合感知的主动缓存算法(简称为 MAPPCaching)如表 3-4 所示,其具体流程如下:

步骤 1:计算用户移动性,视频请求转移矩阵和视频片段流行度。
步骤 2:使用 CPLEX 确定缓存数据。
步骤 3:视频片段优先缓存在 DU 中。
步骤 4:替换最不常用数据。

表 3-4 用户移动性和视频片段流行度联合感知的主动缓存算法(MAPPCaching)

Algorithm 用户移动性和视频片段流行度联合感知的主动缓存算法(MAPPCaching)
1. **Input**: $\|\mathcal{U}\|,\|\mathcal{R}\|,N_r,N_0,\Lambda_f.$
2. 初始化 $q_{r,u},\boldsymbol{H},p_{u,f,k}.$
3. **While** TRUE
4.   计算 $b_{r,f,k}$ 和 $b_{0,f,k}$(基于 CPLEX);
5.   合并缓存内容;
6.   **For** $k=1:K;f=1:\|\mathcal{F}\|;r=1:\|\mathcal{R}\|$
7.   **If** $b_{r,f,k}==b_{0,f,k}$ 且 $b_{0,f,k}==1$
8. $b_{0,f,k}=0$
9.   **EndIf**
10.   **EndFor**
11.   **If** 缓存容量已满
12.   删除最不常使用数据
13.   **EndIf**
14. **EndWhile**
15. **Output**: $b_{r,f,k},b_{0,f,k}.$

3.4.3 算法复杂度分析

1. MAPCaching 的复杂度

$x_{r,u,f}$ 和 $x_{0,u,f}$ 可以使用单纯形算法计算。当使用单纯形算法求解中型 LP 问题时,如果该问题具有 m 个约束方程和 n 个变量($n>m$),则迭代次数预计为 α^m,其中 $e^{\alpha}<\log_2\left(2+\dfrac{n}{m}\right)$,其计算复杂度为 $\mathcal{O}(m^2 n)$。由于 MAPCaching 算法中有 $(|\mathcal{R}\|\mathcal{F}|+|\mathcal{F}|+|\mathcal{U}\|\mathcal{F}|)$ 个约束方程和 $(|\mathcal{R}\|\mathcal{U}\|\mathcal{F}|+|\mathcal{U}\|\mathcal{F}|)$ 个变量,则 $x_{r,u,f}$ 和 $x_{0,u,f}$ 的计算复杂度可以表示为 $\mathcal{O}((|\mathcal{R}\|\mathcal{F}|+|\mathcal{F}|+|\mathcal{U}\|\mathcal{F}|)^2(|\mathcal{R}\|\mathcal{U}\|\mathcal{F}|+|\mathcal{U}\|\mathcal{F}|))$。对于 $x_{r,u,f}$ 和 $x_{0,u,f}$ 的合并过程,如 MAPCaching 算法第 6 行所示,需要 $\mathcal{O}(|\mathcal{U}|^2)$ 次迭代。

2. MAPPCaching 算法的复杂度

在 MAPPCaching 算法的一个缓存决策周期内,计算 $b_{r,f,k}$ 和 $b_{0,f,k}$ 需要 $\mathcal{O}((|\mathcal{R}|+1)^3|\mathcal{F}|^3 K)$ 次迭代,合并 $b_{r,f,k}$ 和 $b_{0,f,k}$ 需要 $\mathcal{O}(|\mathcal{R}\|\mathcal{F}\|K|)$ 次迭代。

显然,在 DU 数、用户数量较少的情况下,算法 3-3 和 MAPPCaching 算法都具有较低的复杂度,能够在多项式时间内完成问题求解,有利于工程实践。需要说明的是,由于联合考虑了用户移动性和视频片段流行度,MAPPCaching 算法比 MAPCaching 算法的复杂度稍高。

3.5 仿真分析

本节主要通过仿真对所提 MAPCaching 算法和 MAPPCaching 算法进行性能评估。

3.5.1 仿真场景

在仿真模拟中,考虑部署有 5 个 RRH(DU) 的 NG-RAN 网络,其默认移动用户数设置为 50。遵循实际网络条件[126,127],将 t_0 设置为 5 ms,t_S 设置为 50 ms。CU 池的缓存容量设为 20 GB,DU 的缓存容量设为 CU 池缓存容量的十分之一。所有 RRH 均以相同的总带宽(20 MHz)和发射功率(35 dBm)工作。用户移动性由高斯-马尔可夫过程表征,其中平均速度为 $\mu=(0.6,3.8)$ m/s,其他移动性参数设置为 $\beta=2$ 和 $\rho=0.8$。根据对视频点播(VoD)业务的研究[128],设置 $\alpha=0.8$。视频分辨率最大为 1 920×1 080,最大压缩视频数据速率设置为 4 Mbit/s。偏离率 p_F 和 p_B 分别设置为 0.7 和 0.3。缓存决策周期(时隙)τ 设定为 10 s。基本仿真参数如表 3-5 所示。本仿真在双核 CPU(2.26 GHz)、8 GB 内存的 64 位计算机上完成。两个算法的仿真时间分别约为 3.127 s 和 3.733 s,可以在决策周期内及时进行缓存。仿真结果由 500 次独立仿真统计平均得到。

表 3-5 基本仿真参数

参数	值
RRH(DU)数量 $|\mathcal{R}|$	5
用户数 $|\mathcal{U}|$	[50,150]
DU 缓存容量 C_r	2 GB
CU 池缓存容量 C_0	20 GB
时隙 τ	10 s
CU 池与 RRH(DU)间单比特平均传输延时 t_0	5 ms
视频源与 CU 间单比特平均传输延时 t_S	50 ms
用户 u 请求视频 f 的片段大小 SEG_{size}	[200,500]KB
RRH 总带宽 B_r	20 MHz
RRH 发射功率 P_r	35 dBm
噪声功率 σ_0^2	−105 dBm

3.5.2 基线算法

本仿真选择当前较流行的 EPC 算法[129]和 Octopus 算法[112,125]作为基线算法,算法概述如下:

- EPC 算法:基于拥塞价格制定缓存决策。算法考虑了用户移动性,但与所提算法不同,该算法没有利用缓存的协作与分层特性,也没有考虑视频片段流行度。
- Octopus 算法:该算法考虑了缓存的协作和分层特性,但与所提算法不同,未考虑移动性和视频片段流行度。

3.5.3 性能评估

用于评估的性能指标如下：

(1) 平均延时[ms]：视频片段从缓存或源服务器下载到用户的平均延时。

(2) 缓存命中率：使用平均命中率（AHR）[128]定义缓存命中率的性能

$$\text{AHR} = \frac{1}{L} \sum_{w \in L} \frac{N_{\text{hit}}}{N_{\text{req}}} \tag{3-23}$$

式中，N_{hit}定义为窗口 w 期间的缓存命中数，N_{req}定义为窗口期 w 内的总请求数，L 表示时间窗口的数量。

显然，在长度为 w 的连续 L 个时间窗口内从缓存中下载请求视频片段的数量越多，AHR越高，从而平均下载等待时间越低。

1. 平均延时性能

本小节对比分析了算法在不同 t_S、C_0（C_r 随着 C_0 变化）和 $|\mathcal{U}|$ 情况下的平均传输延时性能，分别如图 3-3、图 3-4 和图 3-5 所示。

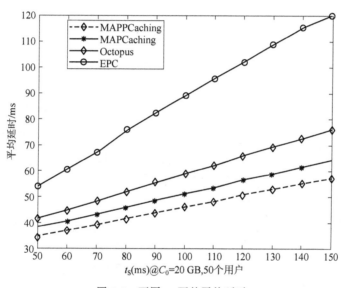

图 3-3　不同 t_S 下的平均延时

可以看出，在所有情况下，MAPCaching 和 MAPPCaching 的平均延时性能始终具有明显优势。如图 3-3 所示，所有算法的平均传输延时都随 t_S 的增加而增加。由于考虑了用户移动性和视频片段流行度，MAPCaching 和 MAPPCaching 的平均延时明显小于基线算法的平均延时。如图 3-4 所示，所有算法的平均传输延时随着 C_0 的增加而减小。在 $t_S=50$ ms、$C_0=20$ GB、$|\mathcal{U}|=50$ 的情况下，MAPPCaching 算法的平均传输延时约为 35 ms，比 Octopus 算法降低近 26%。如图 3-5 所示，由于每个用户的可用缓存空间随着用户数量的增加而减少，增大了从源服务器直接获取请求数据的比例，所有算法的平均传输延时随着 $|\mathcal{U}|$ 的增加而显著增加。尽管如此，与 EPC 算法和 Octopus 相比，MAPCaching 算法和 MAPPCaching 算法仍然具有更低的平均延时。同时，需要指出的是，由于对用户移动性和视频片段流行度进行了联合感知，在 $|\mathcal{U}|=50$ 时，MAPPCaching 算法的平均传输延时

比 MAPCaching 算法小 10%,比 EPC 算法小 30%。随着 $|\mathcal{U}|$ 的增大,MAPPCaching 算法与 MAPCaching 算法的性能差异减少,但其平均传输延时仍然比 EPC 算法少 10% ($|\mathcal{U}|=150$)。

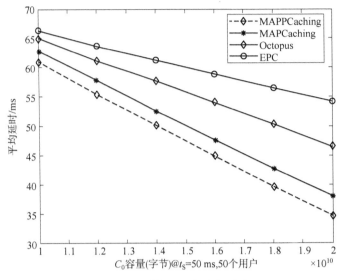

图 3-4 不同 C_0 下的平均延时

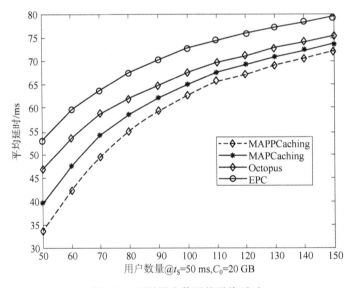

图 3-5 不同用户数下的平均延时

2. 缓存命中率

本小节对比分析了算法在不同 C_0 和 $|U|$ 条件下的缓存命中率性能,如图 3-6 和图 3-7 所示。可以看出,在相同条件下,MAPCaching 算法和 MAPPCaching 算法始终具有更高的缓存命中率。如图 3-6 所示,所有算法的缓存命中率都随着 C_0 的增加而增加。当缓存容量较小(10 GB)时,MAPCaching 算法和 MAPPCaching 算法的缓存命中率几乎是传统算法的 3 倍。当缓存容量增加到 20 GB 时,算法的缓存命中率更接近,但是 MAPCaching 算法和

MAPPCaching 算法的缓存命中率仍比传统算法高 20%。如图 3-7 所示,虽然缓存命中率随着 $|\mathcal{U}|$ 的增加而急剧下降,但 MAPCaching 算法和 MAPPCaching 算法的缓存命中率仍然是最高的。

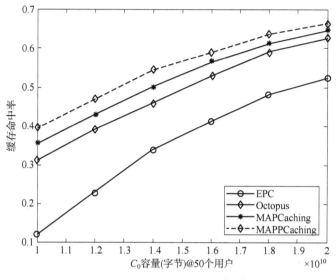

图 3-6　不同 C_0 下的缓存命中率

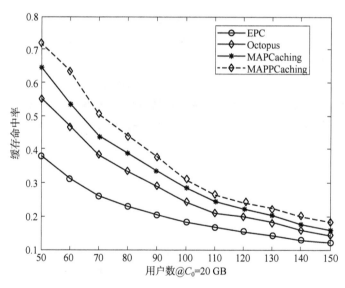

图 3-7　不同用户数下的缓存命中率

考虑到用户所处无线环境的不同,其请求的视频分辨率和视频片段的大小也不同,信道环境越差,视频片段的数据量越小,反之则越大。本小节针对 MAPCaching 算法和 MAPPCaching 算法在视频片段大小变化时的缓存命中率进行了仿真。如图 3-8 所示,缓存命中率随视频片段大小的增加而减少。在相同情况下,MAPPCaching 算法的性能均优于 MAPCaching 算法。可以看出,MAPPCaching 算法可以在更低信噪比(SignalNoiseRatio,SNR)的无线环境中提供更好的性能。

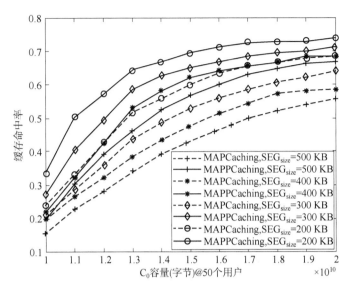

图 3-8 视频片段对 MAPCaching 算法和 MAPPCaching 算法缓存命中率的影响

3.6 本章小结

本章开展了 NG-RAN 框架下的普通视频主动缓存优化研究。从降低数据传输延时的角度,提出了两个优化问题。考虑到工程应用,提出了两种简化的启发式缓存方案。所提缓存方案利用了 NG-RAN 缓存结构的分层与合作特性,实现了用户移动性和视频片段流行度的感知。理论分析了所提 MAPCaching 算法和 MAPPCaching 算法的计算复杂度,并仿真分析了算法性能。仿真证明,相比基线缓存算法,MAPCaching 算法和 MAPPCaching 算法具有更低的平均传输延时和更高的缓存命中率。此外,MAPPCaching 算法在复杂度有限提高的基础上,具有更好的性能。

第4章 基于MDS编码缓存的异构网络无线资源分配技术

4.1 引　　言

　　MDS编码缓存技术可以更有效解决网络回程带宽和传输延迟这两大瓶颈，高效地支持新型的异构缓存网络架构。如何有效结合MDS编码缓存特性与异构网络无线资源，研究基于MDS编码缓存的无线资源分配技术是当今异构网络关注的热点。在异构网络中，尽管小基站发射功率较低，但密集部署的基站势必会产生巨大的网络能源消耗，将直接增大运营商的能源开销并引发一系列的环境问题。鉴于此，本章针对MDS编码缓存异构网络的用户关联、带宽和功率资源分配技术进行联合研究，旨在最小化网络能源消耗。首先，不同于前人专注于传统非编码缓存网络无线资源分配技术，本研究有效利用MDS编码特性，研究基于MDS编码缓存的异构网络无线资源分配技术。其次，现有大部分文献主要关注资源分配技术降低文件传输延时和网络负载问题，本章考虑将网络能源消耗作为优化目标展开研究。具体地，本章首先在给定的MDS编码缓存策略下建模最小化网络能耗的优化问题。然后，针对原始优化问题中决策变量的紧密耦合性，将原始复杂的混合整数规划问题进行简化：一是带宽等分情况下的联合用户关联与功率分配问题；二是带宽不等分情况下的联合用户关联，带宽与功率分配问题。由于带宽等分情况下的联合用户关联与功率分配优化问题仍然是NP-hard且非凸的，本章对该问题进行解耦，提出基于虚拟基站/虚拟用户($\mathcal{V}_s/\mathcal{V}_u$)的多对多匹配算法与线性规划(Linear Programming, LP)联合迭代算法，并通过仿真验证所提的联合算法比其他两种基线算法更能降低网络能耗。随后，在带宽不等分情况下，提出一种基于三阶段迭代的联合优化用户关联，带宽与功率分配算法。最后的仿真结果验证了基于三阶段迭代的联合优化算法在降低网络能耗方面优于带宽等分情况下的联合优化用户关联与功率分配算法，并且还给出了MDS编码缓存策略对缓存能耗，回程能耗与传输能耗的影响。

　　本章内容安排如下：4.2节介绍系统模型、缓存模型及相关的储备知识；4.3节对问题进行建模并提出两种解决思路；4.4节提出带宽等分情况下的联合用户关联和功率分配算法，其中4.4.1节介绍基于线性规划的功率分配，4.4.2节介绍基于$\mathcal{V}_s/\mathcal{V}_u$的用户关联匹配算法，4.4.3节提出联合用户关联和功率分配算法；4.5节提出带宽非等分情况下的联合用户关联、功率分配和带宽分配，其中4.5.1节提出基于二分法的最优带宽分配算法，4.5.2节基于已知的用户关联与带宽分配,利用 LP 解决功率分配问题,4.5.3 节提出联合用户关联、带宽分配和功率分配迭代算法;4.6 节给出相关的仿真结果;4.7 总结本章内容。

4.2 系统模型及储备知识

基于 MDS 编码缓存的异构网络如图 4-1 所示,MBS 作为控制基站,提供广域覆盖和资源管理功能;配置缓存的 SBS 作为数据基站,为用户提供高速数据速率。

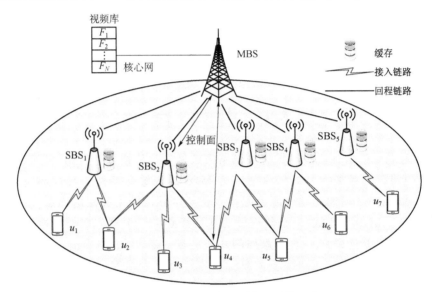

图 4-1 基于 MDS 编码缓存的异构网络

4.2.1 传输模型

如图 4-1 所示,一个 MBS 和多个 SBS 共存的两层异构网络共同服务用户。假设 $\mathcal{K}=\{1,\cdots,K\}$ 和 $\mathcal{U}=\{1,\cdots,U\}$ 分别表示 SBS 和用户的集合。所有的 SBS 作为中继,通过容量有限的回程链路与 MBS 相连。令 N 表示与 MBS 相连的文件库中视频文件的数量,$\mathcal{F}=\{F_1,\cdots,F_N\}$ 表示视频文件的集合,每个视频文件大小相同都为 B(bits)。每个 SBS 的缓存容量是 C(bits)。假设每个用户可以同时被 $q_u(1 \leqslant q_u \leqslant K)$ 个 SBS 服务。如果用户请求的文件不能由关联的 SBS 还原,剩余的文件包必须由 MBS 通过回程链路发送给关联 SBS,SBS 作为中继再发送给用户。

用户 $u \in \mathcal{U}$ 从服务小基站 $k \in \mathcal{K}$ 接收的信干噪比可以表示为

$$\mathrm{SINR}_{ku} = \frac{P_{ku}g_{ku}}{\sum_{v \in \mathcal{K}, v \neq k} P_{vu}g_{vu} + \sigma^2} \tag{4-1}$$

式中,P_{ku} 表示 SBS k 到用户 u 的发射功率,g_{ku} 是 SBS k 到用户 u 的信道增益,σ^2 是用户 u 接收到的高斯白噪声,$\sum_{v \in \mathcal{K}, v \neq k} P_{vu}g_{vu}$ 表示不给用户 u 提供服务的其他 SBS 对用户 u 产生的干扰。

所以,用户 u 通过 SBS k 获得的下载速率可以表示为

$$R_{ku} = W_{ku} \log_2(1 + \mathrm{SINR}_{ku}) \tag{4-2}$$

式中,W_{ku} 表示 SBS k 分配给用户 u 的带宽资源。

4.2.2 缓存模型

本书采用 MDS 编码缓存模型,其典型结构如图 4-2 所示。与非编码缓存不同,编码缓存的优势在于,经过编码的数据包彼此独立地放置在所有 SBS 中,用户收到一定数量的数据包后,通过线性组合就足以还原整个文件。具体地,每个文件 $F_j(1 \leqslant j \leqslant N)$ 首先被拆分成 n 个片段,即 $F_j = \{f_1^j, \cdots, f_n^j\}$。然后,拆分后的 n 个片段被编码成 E_j 个数据包 $\{e_1^j, \cdots, e_{E_j}^j\}$[206]。在缓存放置阶段,编码包 $e_{E_j}^j$ 相互独立的缓存在每个 SBS 上,并且,每个与 SBS k 存储文件 F_j 相等比例的数据包,用 q_j 表示这个缓存比例。令 x_{ku} 表示用户 u 与 SBS k 关联因子,即用户 u 与 SBS k 关联,$x_{ku}=1$,否则为 0。在文件传输阶段,用户 u 可以与 $q_u = \sum_{k \in \mathcal{K}} x_{ku}$ 个 SBS 关联,也就是说,用户 u 可以从关联的 $\sum_{k \in \mathcal{K}} x_{ku}$ 个 SBS 中接收到 $\sum_{k \in \mathcal{K}} x_{ku} q_j$ 比例的文件。根据 MDS 编码缓存的性质,如果 $\sum_{k \in \mathcal{K}} x_{ku} q_j \geqslant 1$,用户可以还原其请求的文件 F_j,否则,MBS 通过回程链路给用户 u 关联的 SBS 发送文件 F_j 剩余 $\left(1 - \sum_{k \in \mathcal{K}} x_{ku} q_j\right)$ 比例的编码数据包。

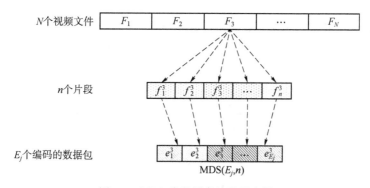

图 4-2 MDS 编码缓存放置示意图

以图 4-1 中用户 u_4 为例,当 u_4 从服务小基站 SBS_2,SBS_3 中请求文件 F_j 时,能获得至多 $2q_j$ 比例编码数据包。如果 $2q_j<1$,MBS 通过回程链路发送剩余的 $(1-2q_j)$ 比例的文件到 SBS_2 和 SBS_3。这两个 SBS 再作为中继将剩余数据包发送给用户。很明显,该过程消耗了回程链路容量。

4.2.3 功耗模型

本章讨论的网络功耗包含四个部分:传输功耗、缓存功耗、静态功耗和回程功耗。所有 SBS 的传输功耗由用户关联因子 x_{ku} 和功率分配变量 P_{ku} 决定,可以表示为

$$P_{\mathrm{tr}} = \sum_{k \in \mathcal{K}} \sum_{u \in \mathcal{U}} P_{ku} x_{ku} \tag{4-3}$$

每个 SBS 的缓存功耗与缓存效率 $w_{\mathrm{ca}}^k(\mathrm{watt/bit})$ 成正比,所有 SBS 的缓存功率可以表示为

$$P_{ca} = C \cdot \sum_{k \in \mathcal{K}} w_{ca}^k \tag{4-4}$$

需要说明的是,本章重点关注固定 MDS 编码缓存策略下的用户关联、带宽和功率资源分配技术,所以内容更新时的缓存功耗不作考虑。

每个 SBS 的静态功率 P_{st}^k 与基站基带处理和冷却系统有关,所有 SBS 的缓存功率可以表示为

$$P_{st} = \sum_{k \in \mathcal{K}} P_{st}^k \tag{4-5}$$

MBS 和 SBS 之间回程链路的功耗可以表示为

$$P_{bh} = e_{MBS} \cdot R_0 \cdot \sum_{u \in \mathcal{U}} \max\left(1 - \sum_{k \in \mathcal{K}} x_{ku} q_j, 0\right) \tag{4-6}$$

式中,R_0 表示用户的最小请求速率,e_{MBS}(J/bit)表示回程链路能耗效率。通过式(4-6)可以看出,只有当缓存在 SBS 中的文件比例足够高,回程链路的功耗才会降低。在 q_j 是已知的情况下,回程链路的功耗 P_{bh} 主要由 x_{ku} 决定,即由每个用户关联的 SBS 数量决定。

基于上述分析,网络的总功耗可以表示为

$$P_{total} = P_{tr} + P_{ca} + P_{st} + P_{bh} \tag{4-7}$$

4.3 问题建模及分析

本章的目标是在给定的 MDS 编码缓存策略下,联合优化用户关联,功率分配和带宽分配策略来最小化网络的总功耗。因此,旨在最小化网络总功耗的无线资源分配问题可以表述为

$$\min_{x_{ku}, P_{ku}, W_{ku}} P_{total} \tag{4-8a}$$

$$\text{s.t.} \quad \sum_{k \in \mathcal{K}} R_{ku} \geqslant R_0, \forall u \tag{4-8b}$$

$$\sum_{u \in \mathcal{U}} P_{ku} x_{ku} \leqslant P_k^{max}, \forall k \tag{4-8c}$$

$$\sum_{u \in \mathcal{U}} W_{ku} x_{ku} \leqslant W_k^{max}, \forall k \tag{4-8d}$$

$$\sum_{k \in \mathcal{K}} x_{ku} \leqslant q_u, \forall u \tag{4-8e}$$

$$P_{ku} \geqslant 0, \forall (k,u) \in K \times U \tag{4-8f}$$

$$W_{ku} \geqslant 0, \forall (k,u) \in K \times U \tag{4-8g}$$

$$x_{ku} \in \{0,1\}, \forall (k,u) \in K \times U \tag{4-8h}$$

式中,式(4-8b)保证了用户 u 的速率需求;式(4-8c)和式(4-8d)分别表示每个 SBS 的发送功率和带宽资源约束;式(4-8e)表示每个用户 u 能被 q_u($1 \leqslant q_u \leqslant K$)个 SBS 服务;式(4-8f)、式(4-8g)和式(4-8h)表示决策变量的取值范围。

可以观察到,用户关联 x_{ku} 的离散特性、带宽 W_{ku} 及功率资源 P_{ku} 的连续特性,且三者高度耦合导致原问题(4-8a)是一个混合整数非线性问题,很难直接求得最优解。并且,在多用户和多 BS 存在的异构网络场景下,用户多关联问题的求解会比单关联问题更为复杂。因此,为了求解原问题(4-8a),提出如下两种简化算法:①假设每个 SBS 对其关联的用户平均

分配带宽资源,原问题可以简化为用户关联和功率分配问题。考虑到每个 SBS 能同时服务多个用户,每个用户可被多个 SBS 服务,可采用基于 $\mathcal{V}_s/\mathcal{V}_u$ 多对多匹配算法解决用户关联问题。然后已知用户关联 x_{ku},应用线性规划求解功率分配问题。②在带宽非等分的情况下,提出一种基于三阶段迭代的算法联合优化用户关联、带宽和功率资源。接下来,先介绍基于带宽等分的联合用户关联与功率分配算法。

4.4 带宽等分的联合用户关联与功率分配

在小基站对用户均分带宽资源的情况下,原问题(4-8a)可以转化成如下问题

$$\min_{x_{ku}, P_{ku}} P_{\text{total}} \tag{4-9a}$$

$$\text{s.t.} \quad \frac{W_k}{\sum_{u \in \mathcal{U}} x_{ku}} \log_2(1 + \text{SINR}_{ku}) \geqslant \frac{R_0}{\sum_{k \in \mathcal{K}} x_{ku}}, \forall u \tag{4-9b}$$

$$W_{ku} = \frac{W_k}{\sum_{u \in \mathcal{U}} x_{ku}}, \forall (k,u) \in \mathcal{K} \times \mathcal{U} \tag{4-9c}$$

$$(4\text{-}8c)\text{-}(4\text{-}8h) \tag{4-9d}$$

式中,约束式(4-9b)保证了用户 u 的速率需求,即用户关联的每个 SBS 提供相等的下载速率;约束式(4-9c)表示每个 SBS 均分其带宽资源给其关联的所有用户。不失一般性,用户关联决策变量 x_{ku} 是决定功率分配的先决条件。

显然,由于目标函数的非凸性和决策变量的混合整数特性,问题(4-9a)仍然是一个混合整数规划问题,联合求解比较困难。接下来,将问题(4-9a)分解成两个子问题:一是用户关联子问题;二是功率分配子问题。然后,在已知功率分配的情况下,利用基于 $\mathcal{V}_s/\mathcal{V}_u$ 的多对多匹配理论解决用户关联子问题;在已知用户关联的情况下,利用 LP 解决功率分配子问题。

4.4.1 基于线性规划的功率分配

通过式(4-7)可以观察到,如果已知用户关联 x_{ku},问题(4-9a)中目标函数的传输功耗只与功率分配变量 P_{ku} 有关系。同时,缓存功耗和回传功耗在缓存放置参数 q_j 确定时也为常数。也就是说,确定了用户关联 x_{ku} 后,问题(4-9a)就转化成如下优化问题:

$$\min_{P_{ku}} \sum_{k \in \mathcal{K}} \sum_{u \in \mathcal{U}} P_{ku} x_{ku} \tag{4-10a}$$

$$\text{s.t.} \quad c \sum_{j \in K, j \neq k} P_{ju} g_{ju} - P_{ku} g_{ku} + c\sigma^2 \leqslant 0, \forall u \tag{4-10b}$$

$$(4\text{-}8c) \tag{4-10c}$$

式中,约束(4-10b)由约束(4-9b)演变而来,所以,常数 a、b 和 c 分别表示成 $a = \dfrac{W_k^{\max}}{\sum_{u \in \mathcal{U}} x_{ku}}$、$b = \dfrac{R_0}{\sum_{k \in \mathcal{K}} x_{ku}}$ 和 $c = (2^{b/a} - 1)$。显然地,式(4-10a)是关于功率变量 P_{ku} 的线性组合问题。约束

式(4-10b)和式(4-10c)是功率变量 P_{ku} 的仿射函数。因此,优化问题(4-10a)是一个很容易求解的 LP 问题。

4.4.2 基于匹配理论的用户关联

当小基站的功率资源分配变量 P_{ku} 已知时,用户关联问题仍然是一个 NP-hard 问题。为了避免穷举搜索中的组合复杂度,本节致力于找到高效的启发式算法解决用户关联问题。考虑到小基站和用户多关联(multi-association)关系,提出一种基于多对多匹配理论的低复杂度算法。给定用户功率分配系数 P_{ku},优化问题(4-9a)可以建模成存在外部性的小基站-用户多对多双边匹配问题。然后,提出一种低复杂度的基于 $\mathcal{V}_s/\mathcal{V}_u$ 互换匹配算法。

下面,先介绍小基站-用户多对多匹配理论的相关定义。

1. 用户关联中匹配理论的相关知识

根据 4.2 节对 $\mathcal{K}$ 和 $\mathcal{U}$ 的定义,可以看出 $\mathcal{K}$ 和 $\mathcal{U}$ 是两个非相交集合。本研究中,为了有效利用 MDS 编码缓存的喷泉码特性,假设每个用户可以同时被多个 SBS 服务,且每个 SBS 可以同时服务多个用户。因此,在 SBS 与用户匹配的过程中,SBS 和用户分别存在一个正整数配额,即每个用户最多支持的关联 SBS 数量。并且,每个用户的配额可以是不同的。如图 4-3 所示,建立的基站-用户多关联问题可以看成是用户和小基站的多对多匹配问题[228-230]。

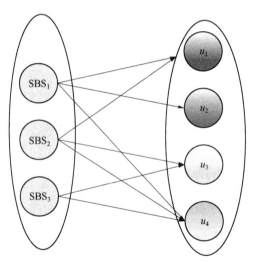

图 4-3 基于多对多匹配的用户多关联示意图

定义 4.1 多对多配对 μ 是从集合 $\mathcal{U} \cup \mathcal{K}$ 到所有子集 $\mathcal{U} \cup \mathcal{K} \cup \{0\}$ 的一个函数,即每个用户 $u \in \mathcal{U}$ 和每个小基站 $k \in \mathcal{K}$ 满足:

(1) $\mu(u) \subseteq \mathcal{K}$;
(2) $\mu(k) \subseteq \mathcal{U}$;
(3) $|\mu(u)| \leqslant q_u$,对于任意用户 $u \in \mathcal{U}$;
(4) $|\mu(k)| \leqslant \infty$,对于任意基站 $k \in \mathcal{K}$;
(5) $u \in \mu(k) \Leftrightarrow k \in \mu(u)$。

μ 根据对象不同,对应不同的含义。如果对象是 SBS k,那么,$\mu(k)$ 表示 SBS k 匹配的用户；如果对象是用户 u，那么 $\mu(u)$ 表示用户 u 匹配的 SBS。条件(1)表示每个用户可以与多个 SBS 关联；(2)表示每个 SBS 可以与多个用户关联；(3)和(4)是对 SBS 和用户配额的约束，即每个用户最多可以和 q_u 个 SBS 关联（说明：本章中假设小基站关联的用户数无配额限制）。

对于 SBS k 对用户的偏好关系，用 $\succ_k$ 来表示。对于 SBS k 相比用户 u_p 更偏好选择 u_q，则表示 $u_q \succ_k u_p$。对于用户 \$u\$ 对 SBS 的偏好关系，用 $\succ_u$ 来表示。两个小基站 k_i，k_j，如果用户 u 更偏好选择 k_i，则表示成 $k_i \succ_u k_j$。

定义 4.2 对 SBS 集合 $k \in \mathcal{K}$ 和用户集合 $u \in \mathcal{U}$ 中的任意一个 SBS k 以及用户 u，如果 SBS k 和用户 u 都彼此可以接受对方，则称 μ 是一个匹配对。

定义 4.3 对于一个用户关联匹配 μ，如果匹配 μ 不被任何一个匹配对所抵制，则称匹配 μ 是一个稳定匹配。

在执行匹配过程之前，所有 SBS 和用户首先需要建立各自的偏好列表，即每个 SBS（用户）依照各自对用户（SBS）选择偏好的降序列表。每一个参与匹配的用户都要依赖一定的偏好规则对匹配对象进行选择，通常利用参与用户的效用函数来决定偏好关系。每个参与的玩家根据其匹配对象所能带来的效用值来对匹配对象进行偏好排序。接下来，介绍本章中 SBS 和用户的偏好列表的建立准则。

首先，针对用户，用户对文件内容的下载速率直接决定其效用值，所以直接将用户能够获得的可达通信速率作为其效用函数，即用户 $u \in \mathcal{U}$ 在关联 SBS k 情况下的效用函数为 R_{ku}；针对 SBS，每个 SBS 能够服务多个用户，目的是降低传输功耗。所以，定义 SBS 的效用函数是功率消耗的反函数 $-P_{ku}$。

确定了 SBS 和用户的效用函数后，SBS 和用户根据各自的效用函数建立对方个体的偏好列表。需要注意的是，双方的偏好关系还需要满足定义 4.1 的所有约束条件。即：SBS 和用户在选择偏好对象的时候，要遵守定义 4.1 中的约束条件，选择能够提高自己效用值的对象。

注释 4.1 用户多关联问题可以被建立成一个用户之间存在外部性[228]的多对多匹配问题。

传统的一对一匹配问题，每个用户的偏好列表完全取决于用户自身对另一方用户的偏好。在本研究中，SBS 对用户的偏好，不仅取决于选择用户的效用值，也依赖于匹配同一用户的其他 SBS。相似地，每个用户的偏好列表不仅依赖于其关联的基站，还与关联该 SBS 的其他用户有关。因此，本章讨论的用户多关联问题是一个存在外部性的多对多配对问题[228]。

由于建立的多对多匹配问题中存在外部性，导致传统的 GS 匹配算法不再适用。为了解决带有外部性的匹配问题，本节设计了一种基于 $\mathcal{V}_s/\mathcal{V}_u$ 的交换匹配算法。在描述算法之前，先介绍交换匹配（swap matching）的概念。

定义 4.4 定义交换匹配 $\mu_{pq}^{ij} = \mu \setminus \{(k_i, u_p), (k_j, u_q)\} \cup \{(k_i, u_q), (k_j, u_p)\}$[232,233]。其中，在 μ 中，$u_p \in \mu(k_i)$，$u_q \in \mu(k_j)$，且 $u_p \notin \mu(k_j)$，$u_q \notin \mu(k_i)$。

定义 4.5 给定匹配 μ 和一对小基站 $(k_i, k_j) \in \mathcal{K}$，如果存在用户 $u_p \in \mu(k_i)$ 和用户 $u_q \in \mu(k_j)$ 满足：

① $\forall x \in \{k_i, k_j, u_p, u_q\}, V_x(\mu_{pq}^{ij}) \geq V_x(\mu)$；

② $\exists x \in \{k_i, k_j, u_p, u_q\}$，满足 $V_x(\mu_{pq}^{ij}) > V_x(\mu)$。

那么交换匹配μ'_{ij}成立,小基站对(k_i,k_j)或用户对(u_p,u_q)被称为在μ中的一个交换抵制对(swap blocking pair)[232,233]。交换抵制对确保:如果一个交换匹配成立,那么此次交换匹配操作所包含用户的所有效用不会降低,或者至少有一个用户的效用将增加。在本章中,存在外部性的用户-小基站多对多匹配:任意两个SBS被MBS安排成一个交换抵制对;在SBS匹配用户时,MBS判断交换的每个SBS是否在交换后会获得效用增益。

通过一系列的交换操作,匹配可以达到一个稳态,被称为双边稳定匹配,具体定义如下:

定义4.6 当且仅当不存在交换抵制对,匹配μ是双边稳定匹配[231]。

命题4.1 交换匹配算法保证收敛到双边稳定匹配[231]状态。

证明 利用反证法来证明。先假设存在一个用户u和k分别满足$u \notin \mu(k)$和$k \notin \mu(u)$来抵制配对状态μ,即$u \succ_k \mu(k)$和$k \succ_u \mu(u)$同时成立。如果$u \succ_k \mu(k)$是真命题,也就是说,SBS k必须在先前的交换操作中对用户u发起了匹配请求(proposal)。然而,$u \notin \mu(k)$和$k \notin \mu(u)$同时是真命题。那么,在接下来的交换操作中,当SBS k发起请求时,只有当用户u的效用值比当前效用值有提升才能与SBS k关联,即$\mu(k) \succ_k u$。显然地,这和初始假设$u \succ_k \mu(k)$矛盾。因此,在最终的匹配状态μ中不存在交换抵制对,μ是稳定状态。

由于参与匹配的所有用户都是自私的,这避免了匹配的反复循环。在未达到双边稳定匹配状态时,如果两个用户试图交换他们当前匹配的SBS,SBS必须"同意"这个交换。需要说明的是,并非所有的双边稳定匹配是局部最优的。因为,可能存在SBS k当前匹配的用户因为其效用将减少而拒绝当前的交换行为,但是SBS k_i和k_i在交换后效用将增加。这种情况下,因为可以增加整体效用值,所以系统需要执行一个强制的交换操作。

2. 基于虚拟基站/虚拟用户的交换匹配算法

由于本章中用户多关联问题是受外部性影响的,因此传统的GS匹配算法不再适用。本节提出一种基于$\mathcal{V}_s/\mathcal{V}_u$的交换匹配算法,该算法分三个阶段对用户多关联问题进行求解。

第一步,初始匹配。预匹配需满足定义4.1的所有约束条件。

第二步,基于$\mathcal{V}_s/\mathcal{V}_u$的交换匹配。对于任意用户$u_p \in \mathcal{U}$,搜索另外一个用户$u_q \in \mathcal{U} \cup \mathcal{V}_u \setminus \{u_p\}$,以成立交换匹配对$(u_p,u_q)$满足$u_p \in \mu(k_i), u_q \in \mu(k_j)$。

第三步,当不存在交换抵制对时,交换操作终止,达到双边稳定匹配。

交换匹配过程的直观图如图4-4所示。不同于以往交换匹配算法[228-230],由于引入了$\mathcal{V}_s$和$\mathcal{V}_u$(虚拟基站$\mathcal{V}_s$和虚拟用户$\mathcal{V}_u$的效用值都为零),交换匹配过程中的用户可能是$\mathcal{V}_s$和$\mathcal{V}_u$,因此,交换匹配的自由度更广泛。这是因为交换抵制对的对象可能都是$\mathcal{V}_s$和$\mathcal{V}_u$;或者一方用户是虚拟的,或者对立用户都不是虚拟的。通过进行有限域的交换匹配操作,基于$\mathcal{V}_s/\mathcal{V}_u$的互换匹配算法能逐渐降低系统总功耗。并且,提出的互换匹配算法必须遵循定义4.1并保证每个用户的速率请求条件。表4-1所示为所提的用户多关联算法的主要流程。

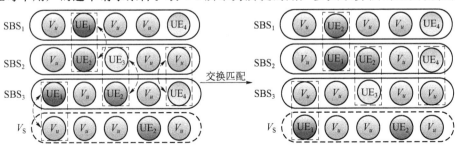

图4-4 交换匹配的示意图

表 4-1 基于 $\mathcal{V}_s/\mathcal{V}_u$ 互换匹配的联合用户关联和功率分配算法

Algorithm 基于虚拟基站/虚拟用户互换匹配的联合用户关联和功率分配算法
1. Initialization
满足定义 4.1 约束条件,小基站 $\mathcal{K}\cup\mathcal{V}_s$ 和用户 $\mathcal{U}\cup\mathcal{V}_u$ 随机匹配。
2. 基于 $\mathcal{V}_s/\mathcal{V}_u$ 交换匹配(UA)
每个关联的用户 $u_p \in \mathcal{U}\cup\mathcal{V}_u$,小基站 $k_i \in \mathcal{K}\cup\mathcal{V}_s$ 寻找另一个用户 $u_q \in \mathcal{U}\cup\mathcal{V}_u\setminus\{u_p\}$ 成立一个交换抵抗对 (u_p, u_q),其中 $u_p \in \mu(k_i), u_q \in \mu(k_j)$。
if μ_{jq}^{ip} 成立
用户 u_p 与用户 u_q 相应地更换小基站 k_i 和 k_j,同时更新当前的匹配状态到 $\mu=\mu_{jq}^{ip}$;
else if
不存在用户 u_p 与用户 u_q 构成互换抵抗对,用户 u_p 保持当前基站 k_i 不变;
Repeat
Until
找不到交换对;
3. 功率分配(PA)
根据步骤 2 用户关联矩阵 x_{ku},通过 CVX 工具求解针对 LP 问题;
Repeat 步骤 2 和步骤 3,更新功率分配变量 P_{ku} 和用户关联关系 x_{ku};
4. End
得到系统最小功耗值。

命题 4.2 基于 $\mathcal{V}_s/\mathcal{V}_u$ 的交换匹配算法保证收敛到双边稳定匹配状态。

证明:因为 SBS 和用户的数量是有限的,每个 SBS 的效用值不能无限增加,所以每个 SBS 经历有限的交换匹配后能达到系统功耗最低的稳定状态。因此,算法能确保在经历有限次数的迭代后,找不到交换抵制对来改变当前的用户关联状态。

4.4.3 联合用户关联与功率分配

如表 4-1(JUPVM)描述的,在带宽等分的情况下,通过基于 $\mathcal{V}_s/\mathcal{V}_u$ 的交换匹配算法和线性规划联合迭代求解用户关联和功率分配,可以得到原问题的一个次优解。接下来将介绍带宽不等分情况下,基于三阶段联合用户关联、带宽与功率分配算法。

4.5 带宽不等分的联合资源分配

本节提出一种逐步式的三阶段迭代算法(JURVM)来解决原始问题(4-8a)。首先,假设用户关联已知时,带宽分配可以转换成一个凸优化问题,然后通过二分法(Bisection method)求解。

4.5.1 联合用户关联与带宽分配

由于用户关联阶段时间维度比信道变化时间维度要慢很多,可以认为在用户关联和资源分配阶段,信道状态是不变的[234,235]。因此,用最大容忍干扰值近似表示邻近非服务 SBS 对用户的干扰[234,236]。通过这种近似方法和拉格朗日对偶分解,原始问题(4-8a)可以简化成独立地求解每个 SBS 的功耗问题。

接下来,分析当已知用户关联时,原始问题(4-8a)的解决思路。对于任意的 SBS $k \in \mathcal{K}$,假设 $\mathcal{K}_k$ 是 SBS k 关联的所有用户集合。通过式(4-7)可以看出,当用户关联已知时,第二、三、四项均变成常数,只有第一项,即 SBS 的传输功耗是与功率分配变量 P_{ku} 有关的变量。所以,当用户关联已知时,原始问题(4-8a)简化成与每个 SBS 功率分配变量有关的优化问题。每个 SBS 带宽分配的优化问题可以表示如下:

$$\min_{W_{ku}} \sum_{u \in \mathcal{U}} x_{ku} P_{ku} = \sum_{u \in \mathcal{K}_k} (2^{\overline{R}_u / W_{ku}} - 1) \frac{\sigma^2 + I_{vu}}{g_{ku}} \tag{4-11a}$$

$$\text{s.t.} \quad W_{ku} \log_2(1 + \mathrm{SINR}_{ku}) = \overline{R}_u, \forall u \tag{4-11b}$$

$$\sum_{u \in \mathcal{K}_k} W_{ku} = W_k^{\max} \tag{4-11c}$$

$$W_{ku} > 0, \forall u \in \mathcal{K}_k \tag{4-11d}$$

$$P_{ku} > 0, \forall u \in \mathcal{K}_k \tag{4-11e}$$

式中,$\overline{R}_u = \dfrac{R_0}{\sum\limits_{k \in \mathcal{K}} x_{ku}}$ 表示用户 u 的平均速率需求,即用户 u 所关联的所有 SBS 为其提供相同的传输速率。约束式(4-11c)限制了每个 SBS 最大带宽;约束式(4-11d)和约束式(4-11e)保证了每个用户的带宽和功率资源。

定理 4.11 问题(4-11a)是凸问题。

证明: 当 $W_{ku} > 0$ 时,

$$\frac{\partial^2 \left[(2^{\overline{R}_u / W_{ku}} - 1) \dfrac{\sigma^2 + I_{vu}}{g_{ku}} \right]}{\partial^2 W_{ku}} > 0 \tag{4-12}$$

所以,$P_{ku} = (2^{\overline{R}_u / W_{ku}} - 1) \dfrac{\sigma^2 + I_{vu}}{g_{ku}}$ 是关于 W_{ku} 的凸函数。并且,约束式(4-11c)和约束式(4-11d)满足 Slaters 条件\cite{CVX}。所以问题(4-11a)是一个凸问题。
\end{proof}

利用问题(4-11a)的 Karush-Kuhn-Tucker (KKT)条件求解带宽分配的最优解。首先,假设 λ 和 μ_{ku} 分别表示式(4-11c)和式(4-11d)的对偶变量。相应地,拉格朗日函数表示如下:

$$\mathcal{L}(W_{ku}, \lambda, \mu_{ku}) = \sum_{u \in \mathcal{K}_k} (2^{\overline{R}_u / W_{ku}} - 1) \frac{\sigma^2 + I_{vu}}{g_{ku}} + \lambda \left(\sum_{u \in \mathcal{K}_k} W_{ku} - W_k^{\max} \right) - \sum_{u \in \mathcal{K}_k} \mu_u W_{ku} \tag{4-13}$$

这里,定义 W_{ku}^*、λ^* 和 μ_{ku}^* 分别是用户 $u \in \mathcal{K}_k$ 的零对偶间隙的原始最优点和对偶最优点。基于 KKT 条件,需要满足下列条件:

$$2^{\overline{R}_u / W_{ku}^*} \frac{(\sigma^2 + I_{vu}) \overline{R}_u \ln 2}{g_{ku} W_{ku}^{*2}} = \lambda^* \tag{4-14}$$

$$\sum_{u \in \mathcal{K}_k} W_{ku}^* = W_k^{\max} \tag{4-15}$$

$$W_{ku}^* > 0 \tag{4-16}$$

然后,定义

$$\lambda = f(W_{ku}) = 2^{\overline{R}_u / W_{ku}} (\sigma^2 + I_{vu}) \overline{R}_u \ln 2 / g_{ku} W_{ku}^2 \tag{4-17}$$

当 $W_{ku} > 0$ 时,$\partial f(W_{ku}) / \partial W_{ku} < 0$,即式(4-17)是关于带宽分配变量 W_{ku} 单调减函

数。因此，式(4-14)、式(4-15)、式(4-16)可以通过 Bisection method 解决：先从一个随机的 λ 值开始，可以得到小基站 k 关联的所有用户 $\mathcal{K}_k$ 的带宽变量 W_{ku}。如果 $\sum_{u \in \mathcal{K}_k} W_{ku} > W_k^{\max}$，减小 λ 的值；否则，增大 λ 的值。当 $\sum_{u \in \mathcal{K}_k} W_{ku}$ 和 $W_k^{\max}$ 的差值低于给定的某一个阈值时，算法终止。并且，这个步骤一直持续直到算法收敛。

利用上一节中提出的基于 $\mathcal{V}_s/\mathcal{V}_u$ 的匹配理论算法和 Bisection method 联合迭代求解用户关联和带宽资源分配，接下来是解决功率分配 P_{ku} 问题。

4.5.2 基于线性规划的功率分配

根据上一节用户关联和带宽分配变量，这一节研究对每个用户分配合适的功率资源以最小化系统功耗。当给定用户关联和带宽分配时，原始问题(4-8a)转换成如下的功率分配问题：

$$\min_{P_{ku}} P_{\text{total}} \tag{4-18a}$$

$$\text{s.t.} W'_{ku} \log_2(1 + \text{SINR}_{ku}) \geqslant \overline{R}_u, \forall u \tag{4-18b}$$

$$(4\text{-}8b), (4\text{-}8c), (4\text{-}8d), (4\text{-}8e), (4\text{-}8f), (4\text{-}8g), (4\text{-}8h) \tag{4-18c}$$

4.4 节已经应用 Bisection method 解决了带宽分配问题，所以在式(4-18b)中用 W'_{ku} 代替问题(4-9a)中的式(4-9c)。很明显地，问题(4-18a)是一个线性规划问题。因此，与 4.4.1 节类似，可以通过现有的 CVX 工具箱得到最优的功率分配变量 P_{ku}。

4.5.3 联合用户关联，带宽分配与功率分配

本节提出基于三阶段的联合用户关联，带宽和功率分配优化算法流程图如图 4-5 所示，对应的算法描述如表 4-2 所示。描述如下：

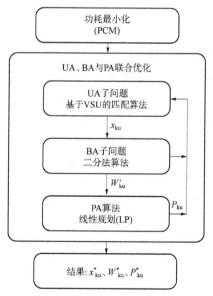

图 4-5 用户关联，带宽分配和功率分配联合迭代优化的示意图

第一阶段：用户关联(UA)。基于 $\mathcal{V}_s/\mathcal{V}_u$ 的互换匹配算法得到用户关联 x_{ku}。

第二阶段：带宽分配(BA)。基于已知的用户关联，根据 Bisection method 得到最优的带宽分配变量 W_{ku}。

第三阶段：功率分配（PA）。基于已知的用户关联和带宽分配，应用 LP 求解功率分配变量 P_{ku}。

需要强调的是，由于本章考虑的是控制面与数据面分离的异构网络，MBS 承担网络控制面功能，SBS 提供高速数据传输功能。所以，在资源分配过程中，由 MBS 集中执行资源分配的管理工作并广播给所有 SBS 和用户。

表 4-2 联合用户关联，带宽分配和功率分配优化算法

Algorithm 联合用户关联，带宽分配和功率分配优化算法
1. Initialization
$t = t + 1$
2. UA 阶段
运行算法的第 2 步，得到用户关联 x_{ku}
3. BA 阶段
基于固定的用户关联 x_{ku}，根据(4-11a)，通过二分法得到带宽分配变量 W_{ku}
4. PA 阶段
基于固定的带宽分配 W_{ku}，根据与算法的第 2 步相似的线性规划，利用 CVX 工具包求解 P_{ku}
5. 更新 x_{ku}，W_{ku} 和 P_{ku}
6. Until 收敛

4.6 仿真结果

本节通过 MATLAB 仿真软件验证所提两种联合算法的性能。首先，通过仿真验证不同多对多匹配算法下，联合优化用户关联和功率分配的性能。随后，通过仿真比较提出的两种联合资源分配算法的性能。

设置的仿真场景如下：在一个 1 km×1 km 的矩形区域正中心部署一个 MBS。因为采用了 MDS 编码缓存策略，每个用户可以由多个 SBS 服务。因此在 MBS 为圆心、半径为 100 m 的圆周上部署六个 SBS，SBS 的半径是 100 m，为用户提供重叠覆盖。其他系统参数如表 4-3 所示。仿真结果为 1 000 次撒点的均值。在验证收敛性时，由于每次撒点有不同的收敛曲线，所以仅展示一个典型场景。

表 4-3 仿真参数

参数	值
MBS 数量	1
SBS 数量	5
用户配额 q_u	2、3、4
SBS 带宽 $W_k^{\max}$	20 MHz
SBS 功率 $P_k^{\max}$	25 dBm
阴影衰落	8 dB
噪声	111.45 dBm
用户的速率需求 R_0	5 Mbit/s
回程能量效率	1×10^{-8} J/bit\cite{N.Choi}
路损	$34 + 40\log_{10}d(m)$ \cite{3GPP}
	—

本章引入文献[232,233]所提的两种多对多匹配算法,来解决本章建模的用户多关联问题,通过仿真对比基于这两种匹配算法解决用户关联,同时用线性规划解决功率分配的联合资源分配算法。选择文献[232,233]中匹配算法作为基线的原因:首先,这两种基线都应用多对多匹配模型来映射资源分配关系;其次,文献[232,233]中都用交换匹配的思想解决了资源分配问题。其中,文献[232]用交换匹配思想解决了非正交多址接入(Non-orthogonal Multiple-Access,NOMA)场景中用户和子信道的分配问题,文献[233]用交换匹配解决了D2D网络中D2D对和资源块(Resource Block,RB)的分配问题。因此,将这两种交换匹配算法应用到本章的用户多关联模型,并将它们作为基线,仿真比较提出的$\mathcal{V}_s/\mathcal{V}_u$的交换匹配算法与基线性能差异。为表述方便,用"USMA-2"和"RADMT"分别表示以这两种匹配算法解决的联合用户关联和功率分配算法。

4.6.1 不同匹配算法性能比较

首先设置用户的配额$q_u=3$,即每个用户最多可以关联3个SBS。图4-6比较了包括回程功耗、传输功耗在内的系统总功耗随用户数量变化趋势。需要说明的是:因为本章考虑在给定的MDS编码缓存策略下的无线资源分配技术,不涉及缓存更新时产生的功耗,所以每次进行无线资源分配产生的总功耗不考虑缓存功耗。其中,图4-6(a)所示为三种匹配算法下系统总功耗与用户数量的关系。如图4-6(a)所示,总功耗随着用户数量增多而增多。并且,提出的JUPVM算法比两种基线功耗要少。注意:仿真结果中,这两种基线的交换匹配算法也同时采用了表4-1中第3步骤。当用户数量是25时,所提算法的增益相比基线分别达到35.25%和23.64%。原因主要是,虽然三种算法都是基于线性规划优化了功率分配,但是提出的基于$\mathcal{V}_s/\mathcal{V}_u$的互换匹配相对于基线的互换匹配算法,增加了更多的互换机会,即互换自由度更高,所以产生了最低功耗。

图4-6(b)所示为传输功耗与用户数量关系。随着用户数量增多,SBS传输功耗一直在增加,但是提出的JUPVM算法的趋势比基线增长趋势更平滑。从图4-6(b)还可以明显看出,提出的JUPVM算法相比USMA-2、RADMT算法降低功耗比率高达53.22%和44.15%。产生这些趋势的主要原因在于,引入了$\mathcal{V}_s/\mathcal{V}_u$,在SBS和用户之间会存在更多潜在的互换抵抗对,这些潜在的互换抵抗对有效地增加了互换的用户关联链路数量。这些增加的互换抵制对数量会一直刺激SBS和用户的互换迭代,从而产生最低的功耗。

图4-6(c)所示为回程功耗与用户数量的关系。从式(4-6)可以推断出,用户关联关系x_{ku},缓存比例q_j,缓存效率e_{MBS}和用户速率需求R_0决定了回程功耗的大小。因为本章强调的是固定MDS编码缓存策略下的联合资源分配,即q_j已知,所以缓存功耗只依赖于x_{ku}这一个决策变量,不受其他决策变量约束。因此,从图4-6(c)中可以看出,回程功耗随着用户数量增多也呈增多趋势。还应注意到的是,因为基线的互换抵制对数量比提出的$\mathcal{V}_s/\mathcal{V}_u$少,所以增长趋势略呈单调性。此外,从图4-6可以明显看到,当用户数比较多时,如用户数从17变化到25时,本节提出的算法倾向于牺牲回程功耗来换取小基站传输功耗的降低,进而实现降低总功耗的目的。

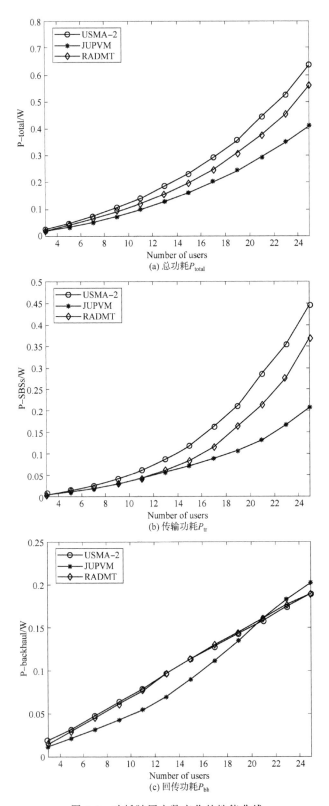

(a) 总功耗 P_{total}

(b) 传输功耗 P_{tr}

(c) 回传功耗 P_{bh}

图 4-6 功耗随用户数变化的性能曲线

图 4-7 所示为功耗随用户配额 q_u 变化。设置用户配额 $q_u=2,3,4$,其他仿真参数保持不变。如图 4-7 所示,用户配额数越大,系统总功耗越低。原因是多个 SBS 共同将缓存文件发送给用户,所提的联合资源分配算法提高资源利用率的同时提高了文件的传输效率。换句话说,用户关联到的小基站既是信道质量好的基站,又正好缓存了用户所请求的文件。因此,总功耗随着配额数增多而降低。本章研究联合无线资源分配的动机是利用 MDS 编码缓存的特性实现用户多关联,进而减少功耗,仿真结果正好验证了这一假设。

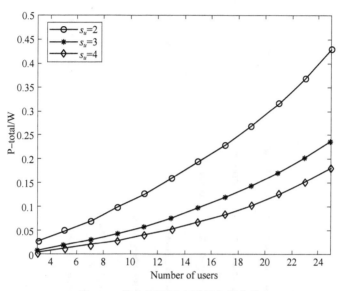

图 4-7 总功耗随用户配额变化曲线

图 4-8 所示为功耗随缓存比例变化的趋势。为了观察 MDS 编码缓存比例 q_j 对功耗的影响,假设用户数量 $u=10$,用户配额 $q_u=3$,并设定 q_j 服从均匀分布来简化分析。令均匀分布的均值分别是 $0.05,0.1,\cdots,0.35$。从图 4-8(a)可以看出,随着 q_j 的比例越来越大,总功耗越来越低。回程功耗随缓存比例增大而减小,而小基站传输功耗随缓存比例增大呈增大趋势,尤其是缓存比例从 0.15 到 0.35 变化时,增长趋势比较明显。该仿真结果与理论分析是相符的,原因如下:首先,随着缓存比例 q_j 增多,用户从 SBS 上可获得的视频内容增多了,即文件命中率随着缓存比例增多而提高了,所以如图 4-8(b)所示回程链路功耗随缓存比例增多呈降低趋势。而随着每个小基站上缓存比例 q_j 的增多,由于用户更倾向于关联信道质量不好的缓存小基站 SBS,以牺牲传输功耗 P_{tr} 换取总功耗 P_{total} 的降低,所以如图 4-8(c)所示,由资源分配变量决定的传输功耗随着缓存比例增多而增多。即本章考虑的总功耗值是由 MBS 的回传功耗和 SBS 的传输功耗共同决定的,在缓存命中率增长的情况下,本章提出的 JUPVM 算法实际上通过增大小基站的发射功率来大量减少了对回程能源的消耗,进而实现了降低总能耗的目的。综上所述,在验证 MDS 编码缓存比例 q_j 对功耗的影响时,由回传功耗与小基站传输功耗相互权衡共同决定总功耗的趋势,如图 4-8 所示的结果与理论分析是吻合的。

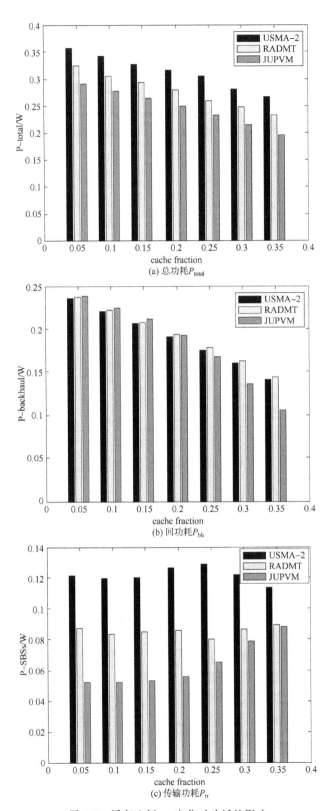

图 4-8 缓存比例 q_j 变化对功耗的影响

4.6.2 联合资源分配算法性能比较

保持与前一节相同的参数设置,这一节将对带宽等分与不等分情况下的联合资源分配性能进行比较。如图 4-9 所示,随着用户数量增多,两种算法的小基站传输功耗都呈上升趋势,这与理论相符。所有小基站功耗随着用户数量增加而增加。当用户数是 9、15、25 时,所提的 JURVM 算法比 JUPVM 算法功耗增益分别是 46.12%、66.04%、85.51%。另外也说明,所提带宽等分下的联合用户关联和功率分配算法比联合用户关联、带宽分配与功率分配性能差。也就是说,通过基于 Bisection method 的最优带宽分配策略优势明显优于带宽等分策略。

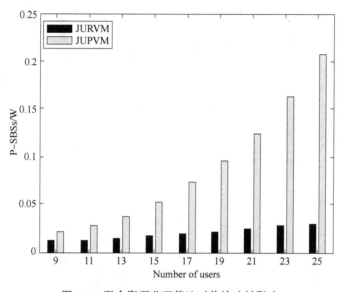

图 4-9 联合资源分配算法对传输功耗影响

图 4-10 所示为回程功耗随用户数量变化关系。如图 4-10 所示,随着用户数量增多,回程链路功耗增多。另外,因为本章考虑的是给定 MDS 编码缓存策略下的资源分配,所以回程功耗主要由用户关联 x_{ku} 决定,用户数越多,内容需求越多,回传功耗就越多。然而,在用户数相等时,所提的两个算法的回程功耗几乎相同。这是因为在 JUPVM 和 JURVM 算法中都应用的是基于 $\mathcal{V}_s/\mathcal{V}_u$ 的互换匹配算法,在两个算法中都能得到本地局部最优的 x_{ku} 关系,所以产生了相同的效果。

图 4-11 所示为系统总功耗随用户数量变化关系。从图 4-11 中很直观的可以看出,所提的 JURVM 算法产生的总功耗低于 JUPVM 算法的功耗。由于 JURVM 算法对带宽进行了优化处理,所有小基站的传输功耗更低。即使当两种算法的回程链路功耗相当,但传输功耗决定总功耗大小,因此,所提算法 JURVM 的性能要优于 JUPVM。并且,还可以推断,此种参数配置情况下,回程功耗几乎占据总功耗一半比例,所以优化回程功耗可作为未来一个研究方向。总的来说,图 4-11 的仿真结果进一步地验证了提出的联合优化用户关联、带宽和功率分配策略比带宽等分的联合用户关联和功率分配策略更能降低系统总功耗。随着用户数增多,前者比后者的性能增益也能保持在 30% 以上。

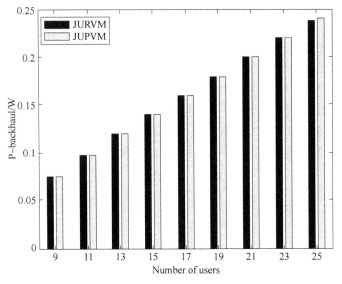

图 4-10 联合资源分配算法对回程功耗影响

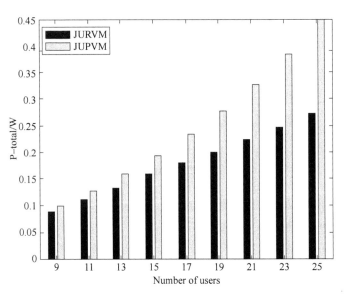

图 4-11 联合资源分配算法对总功耗影响

4.6.3 算法收敛性分析

本节仿真了一个典型场景,对提出的 JUPVM 和 JURVM 算法的收敛性进行验证。图 4-12 和图 4-13 分别呈现了 JUPVM 和 JURVM 算法的收敛性。设置外环迭代次数上限是 500,分别在用户数量是 5、10 和 15 时,对所提两种算法的收敛性进行了分析。其中,纵坐标表示系统总功耗,横坐标表示迭代次数。如图 4-12 和图 4-13 所示,随着迭代次数的增多,系统总功耗会逐渐降低。并且,即使用户数量较多为 20 时,两种算法在迭代次数接近 200 时均达到收敛状态。很显然,原始问题是非凸的并且是 NP 难的,穷举算法很难得到最优解。另外,用户多关联性的求解难度还会随着用户数量和小基站数量增加而增加。所以,利用提出的基于$\mathcal{V}_s/\mathcal{V}_u$的互换匹配算法,找到双边匹配稳定状态是一种可行的解决思路。

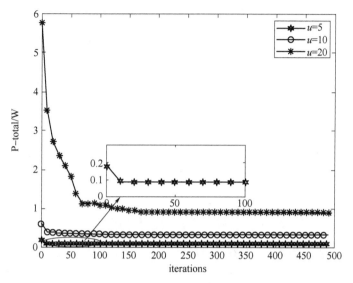

图 4-12 JUPVM 算法收敛图

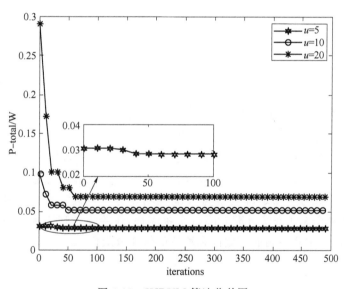

图 4-13 JURVM 算法收敛图

在提出的 JUPVM 和 JURVM 算法中,每次交换匹配成功时,产生的系统功耗都会比上一阶段匹配状态的系统功耗低。算法 1 的第 2 步证明了这一点。对任意一个用户,通过交换匹配到另外一个 SBS,关联到此 SBS 能让系统功耗降低。当且仅当功耗能降低时,交换匹配才成立。交换过程一直持续,因为作为玩家的 SBS 和用户数量是有限的,所以会达到双边稳定状态即迭代终止。

4.6.4 算法复杂度分析

这一节分析所提两种算法的复杂度。在初始阶段,复杂度主要取决于用户数量,即复杂度为 $\mathcal{O}(U^2)$。在交换匹配期间,每一次迭代,MBS 都会寻找一个交换抵抗对,相应地,用户执行一次交换匹配到目的 SBS。所以交换匹配期间的复杂度取决于迭代步长和每次迭代过程的交换次数。先定义 $|\mathcal{V}_s|$ 和 $|\mathcal{V}_u|$ 的数量分别为 V_s 和 V_u。每个用户的配额为 q_u,每个小基站的配额为 q_s,即每个小基站能最多能服务 q_s 个用户。所以,在每次迭代交换阶段,在满足 $Uq_u = Kq_s$ 情况下,至多要执行 $\frac{1}{2}(U+V_u)q_s q_u (K+V_s-q_u)$ 次交换匹配。

命题 4.3 设置迭代次数是 L,用户关联的计算复杂度为 $\mathcal{O}(L(U+V_u)q_s q_u (K+V_s-q_u))$。

证明: 当 $Uq_u = Kq_s$ 时,每个用户在交换匹配前后保持匹配状态。任何一个 μ_{jq}^{ip} 包括两个 SBS 和两个用户。因为一共有 $(K+V_s)$ 个 SBS,每个用户最多可关联 q_u 个 SBS,所以对于用户 u_p,在 μ_{jq}^{ip} 状态中存在 $q_u(K+V_s-q_u)$ 种组合。同理,对于小基站 k_j,至多可以服务 q_s 个用户,在 μ_{jq}^{ip} 状态中共有 $q_s q_u(K+V_s-q_u)$ 种组合。因为一共有 $(U+V_u)$ 个用户,所以,在每个用户关联过程中,至多有 $\frac{1}{2}(U+V_u)q_s q_u(K+V_s-q_u)$ 交换匹配次数。所以,已知迭代次数为 L,用户关联的复杂度可以表示成 $\mathcal{O}(L(U+V_u)q_s q_u(K+V_s-q_u))$。用户关联过程占整个资源分配算法的复杂度的主体部分,带宽资源和功率资源分配复杂度都是在一定时间内完成的。所以,除了分析用户关联的复杂度,不需要再单独分析带宽和功率资源分配的复杂度。

4.7 本章小结

本章考虑了基于 MDS 编码缓存 HetNets 的无线资源分配,目的是减小网络总功耗。首先在带宽资源等分的情况下,联合考虑用户关联和功率分配,提出了一种基于虚拟基站/虚拟用户的多对多匹配算法来处理用户多关联问题并利用线性规划求解功率分配;其次,在带宽不等分的情况下,提出一种三步迭代算法联合优化用户关联,带宽分配和功率分配,其中分别用到二分法和线性规划解决带宽分配和功率分配问题。仿真结果表明考虑基于 MDS 编码缓存的联合无线资源分配能降低系统能耗,还验证了基于虚拟基站/虚拟用户的匹配算法解决用户多关联问题的有效性和算法的快速收敛性。

第 5 章　基于可伸缩特性的 SVC 视频无线边缘缓存

5.1　引　　言

第 3、4 章针对一般性的视频进行了缓存优化研究。实际上，如 2.1.3 节所述，为了兼容不同终端设备和适应时变的无线链路，研究人员从视频编码的角度进行了大量研究，其中以 SVC 为典型代表。SVC 的编码效率、解码复杂度和重建质量与 H.264 标准相近，但具有更强的可伸缩性。SVC 的可伸缩性主要包含 3 个方面：时间可伸缩性、空间可伸缩性和质量可伸缩性。时间可伸缩是指 SVC 视频能够根据需要对原始帧序列进行采样，以得到一系列降帧率的视频序列；空间可伸缩性指视频具有多种空间分辨率，高空间层帧可以根据低时间层和低空间层的预测来编码；质量可伸缩性可以认为是一种特殊形式的空间可伸缩性编码，其各层分辨率大小相同，但是视觉效果和质量不同。通过以上三种方式，SVC 可以实现视频的分层编码，即在时间、空间和质量上进行划分，输出包括一个基本层和多个增强层的多层码流[69]。

这种多层编码方案具有两方面优势：一方面，通过分层编码，SVC 视频可以为用户提供多种视频观看质量；当信道受限或信道环境较复杂时，视频用户可以通过接收并解码基本层数据得到低帧率、低分辨率或低质量的视频内容，降低视频中断的概率；而当信道环境较好或信道资源比较丰富时，视频用户可以逐步接收更多的增强层数据，从而获得更高帧率、更高分辨率或者更高质量的视频内容。用户收到的增强层越多，视频质量越好[70]。另一方面，通过分层传输，SVC 可以灵活适应信道状态同时有效降低能量开销，在无线网络中具有先天优势。

但是，在无线网络中实现低延时 SVC 视频传输仍存在较大挑战：一是无线信道的时变性和用户的移动性会导致视频中断；二是当用户希望观看高质量视频时，必须接收多个增强层数据，可能需要更长的等待时间，导致更频繁的播放卡顿。如 2.2.3 节所述，边缘缓存是缓解上述挑战的有效手段[44-47,50-53]。但是，如何利用 SVC 视频的可伸缩性设计更有效的缓存方案仍有较大研究空间。

考虑到 NG-RAN 灵活的网络结构有利于改善视频交付性能，本章针对 NG-RAN 架构下 SVC 视频业务传输的缓存优化策略进行研究。不同于已有研究，本章所提缓存方案联合讨论了 SVC 视频的可伸缩性、新型网络架构和用户的移动性，具体为：

- 针对无线信道和用户移动对视频传输性能的影响,分析了信道衰落、小区关联以及用户移动性等因素对下载速率的制约关系。
- 针对 SVC 视频的分层编码特点,建立了缓存成本与缓存视频层数的数学关系,可在缓存成本约束下缓存更多层视频数据,提高了视频交付的可伸缩性。
- 利用 NG-RAN 架构的分层协作特性和 SVC 视频的可伸缩性,提出了基于缓存优先级的分层缓存算法,有效降低了数据下载等待时间。
- 进一步地,针对高延时比例情况下的视频传输,将延时最小化问题等效为缓存命中率最大化问题,并提出了简化的具有 1/2 近似比的分层缓存算法。

本章内容安排如下:5.2 节首先介绍系统模型,包括网络模型和视频交付模型。5.3 节对 NG-RAN 架构下 SVC 无线视频的平均传输时间最小化问题进行了数学建模。5.4 节对所提问题进行了理论分析,并结合机器学习和优化方法设计了分层缓存方案。5.5 节分析延时最小化问题的一种特殊情况,并提出具有 1/2 近似解的简化启发式算法。5.6 节通过仿真模拟验证了所提缓存算法的有效性。5.7 节对本章工作进行了总结。

本章的重要符号汇总如表 5-1 所示。

表 5-1 符号表示

符号	描述
$\mathcal{R}, |\mathcal{R}|, r$	RRH(DU)集合,RRH(DU)总数,第 r 个 RRH(DU)
$\mathcal{F}, f$	视频集合,视频 f
$\mathcal{K}_f, (f,k)$	视频文件 f 的片段总数,视频文件 f 的第 k 个片段
$\mathcal{L}, |\mathcal{L}|, l$	视频版本或视频层集合,视频层数,第 l 层
$\mathcal{U}, \mathcal{U}_r, u$	所有移动用户集合,将关联到 RRH r 的用户集合,用户 u
$\ell_u(t), \ell_{ux}(t)$	t 时刻用户 u 的位置与速度
$d_{r,u}$	用户 u 与 RRH r 的距离
$p_{u,f,k}$	用户 $u \in \mathcal{U}_r$ 请求视频片段 (f,k) 的概率
$o_{f,l}$	第 l 层视频片段 (f,k) 的平均大小
τ_f	视频 f 的片段时长
C_0, C_r	CU 池、DU r 的缓存容量
$t_S, t_0, t_{r,u}$	从视频源、CU 池和 DU r 下载视频的单比特平均传输延时
$\mathcal{S}_0, \mathcal{S}_r$	缓存在 CU 池和 DU r 的视频集合
α	zipf 分布参数

5.2 系统模型

5.2.1 延时模型

系统模型如图 5-1 所示,移动用户集合为 U,每个用户都可请求 SVC 视频并在 NG-RAN 覆盖区域内移动。RRH 和 DU 同站址高速互连,DU 通过高速链路连接到 CU 池。由于 RRH 与 DU 一一对应,RRH 集合和 DU 集合均可表示为 $\mathcal{R} = \{1, 2, \cdots, r, \cdots, |\mathcal{R}|\}$,CU 可实现视频服务器与 DU 之间 SVC 视频流量的聚合。DU 和 CU 池均具有缓存功能。

用户优先从 DU 和 CU 池的缓存中下载数据,如果用户请求的视频既没有缓存在 DU 上也没有缓存在 CU 池,则该视频将通过视频源服务器下载。

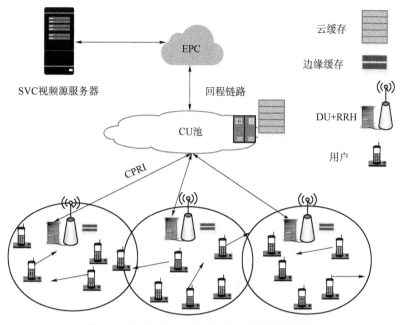

图 5-1 基于 NG-RAN 的 SVC 视频缓存系统

CU 池可以感知用户的移动性,移动性模型仍然基于高斯—马尔可夫过程表征,用户 u 关联到 RRH r 覆盖区域的概率表示为 $q_{r,u}$(详见第 3.2.2 节)。进一步地,为简化分析,本章假设每个用户都与其最近的 RRH 相关联。令二进制决策变量 $a_{r,u}$ 表示关联结果,该结果表示如下:

$$a_{r,u}=\begin{cases}1, & r=\arg\max q_{r,u}\\ 0, & \text{其他}\end{cases} \qquad (5\text{-}1)$$

利用 $a_{r,u}$ 可以得到将与 RRH r 关联的用户集 $\mathcal{U}_r=\{u|u\in\mathcal{U},a_{r,u}=1\}$。考虑到动态功率分配和带宽分配的复杂性,假设每个 RRH 使用固定功率发送视频数据,RRH r 的带宽平均分配给 $\mathcal{U}_r$。因此,用户 $u\in\mathcal{U}_r$ 的平均下载速率可由式(5-2)计算得到:

$$R_{r,u}=\frac{B_r}{|\mathcal{U}_r|}\log_2\left(1+\frac{P_r h_{r,u}}{\sigma_0^2}\right) \qquad (5\text{-}2)$$

式中,B_r 和 P_r 分别表示 RRH r 的总可用带宽和发射功率,$h_{r,u}$ 和 σ_0^2 分别表示平均信道衰落和噪声功率。平均信道衰落 $h_{r,u}$ 由 $\dfrac{A_d}{(d_{r,u})^\eta}$ 给出,其中 A_d 是大尺度衰落模型的常数系数,而 η 是路径损耗指数。

用 t_S 和 t_0 分别表示用户从视频源服务器和 CU 池下载视频所产生的单比特平均传输延时。考虑到不同接入节点的传输延时是不相等的,用 $t_{r,u}$ 表示用户 u 从 DU r 的缓存直接获取请求单比特视频数据的传输延时,可表示为 $t_{r,u}=\dfrac{1}{R_{r,u}}$。

5.2.2 视频交付模型

在本模型中，SVC 视频源服务器存储了视频集 $\mathcal{F}$。根据 SVC 协议，每个视频被编码为 L 层。因此，视频服务器最多可以为用户提供 $|\mathcal{L}|$ 个版本。视频 f 分成 $\mathcal{K}_f$ 个片段，每个片段持续 τ_f 秒。不失一般性，为简化分析，假定 τ_f 等于时隙 τ 的持续时间。视频 f 第 l 层的平均片段大小由 $o_{f,l}$ 表示。在 NG-RAN 中传输或缓存的视频 f 的片段 k 由 (f,k) 表示。如果用户请求版本为 l 的片段 (f,k)，则将下载前 l 层，并且传输速率应大于或等于 $\sum_{i=1}^{l} o_{f,i}/\tau_f$。此外，每个用户都有一个缓冲区，用于存储预取的视频数据以供后续使用，并且能够将多个图层组合为一个集成视频。例如，当某用户发起版本 l_2 的视频请求时，如果只有 1 到 $l_1(l_1<l_2)$ 的图层在本地缓存，则用户将从本地缓存中获取前 l_1 层，而通过回程链路下载其他层，并将其组合成所请求的视频。

视频传输概率与平均下载速率 $R_{r,u}$ 的累积分布函数（Cumulative Density Function, CDF）和视频版本有关，而 $R_{r,u}$ 的 CDF 与 $d_{r,u}^2$（用户 u 与 RRH r 距离的平方）的概率密度函数（Probability Density Function, PDF）有关。基于 3.2.2 节的公式 (3-6) 可知，$d_{r,u}^2$ 是两个独立高斯变量的和平方，遵循非中心卡方分布。因此，$d_{r,u}^2$ 的 PDF 由式 (5-3) 给出

$$f_{d_{r,u}^2}(r) = \frac{1}{2\delta^2} e^{-\frac{r+\xi_{r,u}}{2\delta^2}} I_0\left(\frac{\sqrt{r\xi_{r,u}}}{\delta^2}\right) \quad (5-3)$$

式中，$I_0(\cdot)$ 是零阶改进的 Bessel 函数，$\delta^2 = \delta_z^2 (\tau)^2$ 表示 $d_{r,u}^2$ 的方差，而 $\xi_{r,u}$ 是下式给出的均值

$$\xi_{r,u} = (l_x^r - l_{ux}(t) - (\rho z_{ux}(t) + (1-\rho)\mu_x)\tau)^2 + \\ (l_y^r - l_{uy}(t) - (\rho z_{uy}(t) + (1-\rho)\mu_y)\tau)^2$$

式中，l_x^r 和 l_y^r 是 RRH~r 的水平和垂直坐标，$l_{ux}(t)$ 和 $l_{uy}(t)$ 表示用户 u 在时间 t 的水平和垂直位置，而 $z_{ux}(t)$ 和 $z_{uy}(t)$ 表示用户 u 在时间 t 的水平和垂直方向速度。另外，先验参数 ρ 和 (μ_x, μ_y) 分别反映当前速度如何影响未来速度以及速度的中心趋势。

基于式 (5-3)，可以得出 $R_{r,u}$ 的 CDF：

$$Q_{r,u}(x) = P(R_{r,u} \leqslant x) = \int_{A_r}^{+\infty} f_{d_{r,u}^2}(r) \mathrm{d}r \quad (5-4)$$

式中，$A_r = \left(\frac{P_r A_d}{\sigma_0^2 (2^{\frac{x|U_r|}{B_r}} - 1)}\right)^{\frac{2}{\eta}}$ 可由式 (5-2) 推导得到。

基于 $Q_{r,u}(x)$，用户 u 在当前信道状况下传输视频 f 版本 l 的概率 $\lambda_{r,f,l,u}$ 可表示为

$$\lambda_{r,f,l,u} = \begin{cases} Q_{r,u}\left(\sum_{i=1}^{2} \frac{o_{f,i}}{\tau_f}\right), l = 1 \\ Q_{r,u}\left(\sum_{i=1}^{l+1} \frac{o_{f,i}}{\tau_f}\right) - Q_{r,u}\left(\sum_{i=1}^{l} \frac{o_{f,i}}{\tau_f}\right), l \in (l, |L|) \\ 1 - Q_{r,u}\left(\sum_{i=1}^{|\mathcal{L}|} \frac{o_{f,i}}{\tau_f}\right), l = |L| \end{cases} \quad (5-5)$$

需要说明的是，如果传输速率无法满足最低视频版本的传输要求（即 $R_{r,u} < o_{f,1}/\tau_f$），

甚至连 SVC 的基本层也无法在播放之前成功下载，会导致中断和重缓冲。但是，只要视频会话未结束，仍将请求基本层。

5.3 问题建模

本章旨在通过设计有效的缓存方案使 SVC 视频片段的平均传输时间最小化。与第 4 章一致，本章同样采用基于 DU 和 CU 池的二级缓存结构。此外，针对 SVC 视频的可扩展特性，确定以视频层片段为缓存对象，并考虑视频流行度、用户请求概率和无线信道对视频下载速率的约束关系等。下面就问题建模进行具体表述。

首先，对于请求 l 版本视频片段 (f,k) 的用户 $u \in \mathcal{U}_r$，其获得从 1 到 l 所有层数据的平均延时可表示为

$$\begin{aligned} T_{r,f,l,k,u} &= \sum_{i=1}^{l} [t_{r,u} o_{f,i} b_{r,f,i,k} + t_0 o_{f,i}(1-b_{r,f,i,k}) b_{0,f,i,k} + \\ &\quad t_S o_{f,i}(1-b_{r,f,i,k})(1-b_{0,f,i,k})] \\ &= \sum_{i=1}^{l} o_{f,i} [t_S + (t_S - t_0) b_{r,f,i,k} b_{0,f,i,k} - (t_S - t_{r,u}) b_{r,f,i,k} - \\ &\quad (t_S - t_0) b_{0,f,i,k}] \end{aligned} \quad (5\text{-}6)$$

式中，二进制变量 $b_{r,f,l,k}(r \in \mathcal{R} \cup \{0\})$ 表示视频片段 (f,k) 的第 l 层的缓存决策，$b_{r,f,l,k}=1$ 表示层 l 缓存在 CU 池 $(r=0)$ 或 DU $r(r>0)$，否则 $b_{r,f,l,k}=0$。任何未缓存的请求内容应通过视频源服务器下载。

进一步地，考虑无线信道对视频下载的约束关系，基于式(5-5)和式(5-6)，所有移动用户的平均延时可以表示为

$$\overline{T} = \sum_{r \in \mathcal{R}} \sum_{u \in \mathcal{U}_r} \sum_{f \in \mathcal{F}} \sum_{l \in \mathcal{L}} \sum_{k \in \mathcal{K}_f} p_{u,f,k} \lambda_{r,f,l,u} T_{r,f,l,k,u} \quad (5\text{-}7)$$

式中，$p_{u,f,k}$ 表示用户 $u \in \mathcal{U}_r$ 在下一时隙请求视频片段 (f,k) 的概率，此概率可以根据本书 3.2.3 节的视频片段流行度算法 3-2 得到。

最小化 $\overline{T}$ 的优化问题可表示为

$$\begin{aligned} &\min_{\{b_{r,f,l,k}\}} \sum_{r \in \mathcal{R}} \sum_{u \in \mathcal{U}_r} \sum_{f \in \mathcal{F}} \sum_{l \in \mathcal{L}} \sum_{k \in \mathcal{K}_f} p_{u,f,k} \lambda_{r,f,l,u} T_{r,f,l,k,u} \\ &\text{s.t.} \quad \sum_{f \in \mathcal{F}} \sum_{l \in \mathcal{L}} \sum_{k \in \mathcal{K}_f} b_{r,f,l,k} o_{f,l} \leqslant C_r, \forall r \in \mathcal{R} \cup \{0\} \\ &\quad b_{r,f,l,k} \in \{0,1\}, \forall r \in \mathcal{R} \cup \{0\}, \end{aligned} \quad (5\text{-}8)$$

式中，C_r 和 C_0 分别表示 DU_r 和 CU 池的缓存容量。式(5-8)中的两个约束表示每个缓存中缓存的视频总量不应超过相应的缓存容量。

引理 5.1 问题(5-8)是 NP-hard 问题。

证明：通过将问题(5-8)简化为 KP 问题来证明引理 5.1。

背包问题(Knapsack Problem，KP)是众所周知的 NP-Hard 问题，可描述为：给定一组物品和背包，每种物品的重量和价格不同。在背包容量有限(即可承受的物品重量有限)的情况下，如何挑选出部分物品装进背包，以确保背包内物品的总价值最大，而其总重量小于

或等于背包容量。可以看到,如果 $C_r = 0, \forall r \in \mathcal{R}$,即所有 DU 均未启用缓存,则 KP 是问题(5-8)的特例。在这种情况下,视频的每一层都可以视为 KP 问题中的一个物品,每个物品的重量和价值分别为 $o_{f,l}$ 和 $o_{f,l}(t_S - t_0) \sum_{r' \in \mathcal{R}} \sum_{u \in \mathcal{U}_{r'}} \sum_{i=l}^{|\mathcal{L}|} p_{u,f,k} \lambda_{r',f,i,u}$。上述简化步骤可以在多项式时间内完成,从而得证问题(5-8)是 NP-hard 的。

根据引理 5.1,很难在多项式时间内获得问题(5-8)的最优解。因此,本节首先根据 KP 理论对问题进行简化重构,然后,在 5.4 节提出一种启发式算法进行求解。

将式(5-7)重写为

$$\overline{T} = D - \sum_{r \in \mathcal{R} \cup \{0\}} \sum_{f \in \mathcal{F}} \sum_{l \in \mathcal{L}} \sum_{k \in \mathcal{K}_f} D_{r,f,l,k} b_{r,f,l,k} \tag{5-9}$$

式中,D 是常数,由式(5-10)给出:

$$D = \sum_{r \in \mathcal{R}} \sum_{u \in \mathcal{U}_r} \sum_{f \in \mathcal{F}} \sum_{l \in \mathcal{L}} \sum_{k \in \mathcal{K}_f} p_{u,f,k} \lambda_{r,f,l,u} \sum_{i=1}^{l} o_{f,i} t_S \tag{5-10}$$

而

$$D_{r,f,l,k} = \begin{cases} o_{f,l}(t_S - t_0) \sum_{r' \in \mathcal{R}} \sum_{u \in \mathcal{U}_{r'}} \sum_{i=l}^{|\mathcal{L}|} p_{u,f,k} \lambda_{r',f,i,u}(1 - b_{r',f,l,k}), & r = 0 \\ o_{f,l} \sum_{u \in \mathcal{U}_r} \sum_{i=l}^{|\mathcal{L}|} p_{u,f,k} \lambda_{r,f,i,u}[(t_S - t_{r,u}) - (t_S - t_0)b_{0,f,l,k}], & r \neq 0 \end{cases}$$

$$\tag{5-11}$$

使总延时最小化 $\overline{T}$ 等同于求解以下优化问题:

$$\begin{aligned} \max_{b_{r,f,l,k}} & \sum_{r \in \mathcal{R} \cup \{0\}} \sum_{f \in \mathcal{F}} \sum_{l \in \mathcal{L}} \sum_{k \in \mathcal{K}_f} D_{r,f,l,k} b_{r,f,l,k} \\ \text{s.t.} & \sum_{f \in \mathcal{F}} \sum_{l \in \mathcal{L}} \sum_{k \in \mathcal{K}_f} b_{r,f,l,k} o_{f,l} \leqslant C_r, \forall r \in \mathcal{R} \cup \{0\} \\ & b_{r,f,l,k} \in \{0,1\}, \forall r \in \mathcal{R} \cup \{0\} \end{aligned} \tag{5-12}$$

问题(5-12)可以解释为背包问题。CU 池和 DU 处的缓存设备在 KP 中扮演背包的角色。因此,总共有 $|\mathcal{R}| + 1$ 个背包,容量分别为 $C_0, C_1, \cdots, C_{|\mathcal{R}|}$。视频片段的每一层对应于 KP 中的一个物品,所有 $\sum_f |\mathcal{F}| \cdot |\mathcal{L}| \cdot |\mathcal{K}_f|$ 层构成一个物品集 $\mathcal{O}$。每个物品可以放在多个背包中。对于视频片段 (f,k) 的第 l 层,其重量为 $o_{f,l}$,但其价值 $D_{r,f,l,k}$ 仅在将其放入背包后才能确定。目的是挑选出总价值最大化的 $|\mathcal{R}| + 1$ 个物品集。

5.4 面向 SVC 视频的分层缓存

具体而言,物品的价值与其从 CU 池和 DU 的传输延时 t_0 和 $t_{r,u}$ 有关,由于分层的视频内容可同时缓存在 CU 池和 DU 中,因而 CU 池中物品的价值取决于其是否已缓存在 DU 中;同样,DU 中物品的值取决于其是否已被放置在 CU 池中。

可见,将待缓存数据优先缓存于 CU 池或 DU(即确定缓存优先级)将对性能产生重大影响。由于缓存优先级的确定要考虑网络参数和视频片段流行程度等因素,很难直接精确获取,传统的解决方案(如分支定界算法)存在计算复杂度高、难以得到最优解等问题[130],而基于机器学习(Machine Learning,ML)的方法则被证明更加高效[60],正得到更多学者的广泛采用和关注。因此,本节首先基于机器学习方法确定优先级,然后提出一种基于缓存优先级的启发式分层缓存方案并进行复杂度分析。

5.4.1 基于机器学习的缓存优先级确定

首先,随机模拟具有各种用户请求和网络参数的多个场景。对于每种场景,都会相应地获得一个特定问题(5-8)。理想情况下,可以获得这些问题的最优解,从而可以利用这些最优解得到准确的带标签的训练数据集。具体来说,如果 $b_{0,f,l,k}=1$,则 CU 池将获得优先级来缓存视频片段 (f,k) 的第 l 层,而物品集 $\mathcal{O}$ 中对应的物品标记为 1;否则,该物品标记为 0。在从多个场景收集所有训练标签后,就获得了足够大的训练数据集,可确保机器学习模型得到很好的训练。

但是,由于穷举搜索 $b_{0,f,l,k}$ 的复杂度高达 $2^{|\mathcal{O}|}$,在 $|\mathcal{O}|$ 非常大时基本不可行,因而问题(5-8)很难在合理时间内获得最优解。基于此,本章设计了一种具有亚线性回归[131]的新型穷举搜索方法,以加快训练数据的生成。其基本过程包括:

(1) 删除单位价值极低或为零的尾部物品,并对剩余物品的子集进行采样以获得减少的子集 $\mathcal{O}'$。

(2) 穷举搜索集合 $\mathcal{O}'$ 中最佳的 $b_{0,f,l,k}$。$\mathcal{O}'$ 中未包含的物品与 $\mathcal{O}'$ 中最相似的物品具有相同的优先级。

具体来说,首先根据 $D_{r,f,l,k}/o_{f,l}$ 对 $\mathcal{O}$ 中的物品以单位价值降序排序,并获得 DU $r\in\mathcal{R}$ 和 CU 池中的物品 $i\in\mathcal{O}$ 的排序 κ_{ir}。然后,将单位价值等级归一化以进行相似性比较,并且以相同的采样率降低缓存容量 $C_r(r\in\mathcal{R}\cup\{0\})$。训练集的每个记录都包括归一化的单位价值等级、重量、t_S、t_0、$t_{r,u}$、C_0、C_r、α 以及相应的缓存优先级标签。尽管这种穷举算法仍然无法实时运行,但由于训练数据是离线生成的,并不会影响所提方法的有效性。

进一步地,基于支持向量机(Supported Vector Machine,SVM)设计了一个二进制分类器,该分类器将训练数据作为输入并输出每个物品的缓存优先级。直观地,不同缓存中的物品的单位价值等级与其请求特征密切相关,并且适合用作训练特征。此外,可以观察到这些物品的平均价值反映了该物品的平均受欢迎程度,而其方差表明该物品是否被不同 DU 中的所有用户统一请求。因此,采用 t_S、t_0、$t_{r,u}$、C_0、C_r、α 和 κ_{ir},以及相应的 κ_{ir} 的均值和方差作为训练特征。需要说明的是,由于降低了采样比例,CU 池和每个 DU 的缓存容量相应地减少。

为降低计算复杂度,选择径向基函数(Radial Basis Function,RBF)作为 SVM 的核函数[132],该函数可以将样本非线性映射到更高维度的空间。需要说明的是,这种离线训练过程不会占用在线决策时间,而且训练好的模型可以在下次直接使用。

5.4.2 基于缓存优先级的分层缓存算法

本节基于缓存优先级提出一种启发式分层缓存方案(以下简称 PrioCaching 算法,如表 5-2 所示),算法各步骤的详细信息如下。

步骤 1:为每个背包 r 初始化所选物品集 $\mathcal{S}_r$,其中 $r\in\mathcal{R}\cup\{0\}$。令 $g_v(\cdot)$ 和 $g_w(\cdot)$ 分

别表示某一物品或某一集合的价值函数和重量函数。可以获得 $g_v(\Phi)=0$ 和 $g_w(\Phi)=0$，其中 Φ 表示空集合。

步骤 2：在在线决策阶段，区域内的物品和网络参数可即时在 CU 池上获得。因而，基于训练好的 SVM 模型，可以实时获取每个物品的缓存优先级。

步骤 3：对于背包 0，集合 $\mathcal{O}$ 中每个物品的价值 $t_{0,f,l,k}$ 都会更新。这些物品按单位价值 $D_{r,f,l,k}/o_{f,l}$ 降序排序，并根据该顺序选择填装尽可能多的物品，直到背包 0 装满为止（单背包填充算法如表 5-3 所示）。此时，获得由 CU 池缓存的视频集合 $\mathcal{S}_0$，并更新相应的 $b_{0,f,l,k}$。此后，将为每个 DU 更新物品的价值。更新过程与背包 0 类似，将一组 $\mathcal{S}_r$ 所选物品缓存在 DU$_r$ 中，并据此确定 $b_{r,f,l,k}$。

步骤 4：根据步骤 3 获得的 $\mathcal{S}_0$ 和 $\mathcal{S}_r$，计算和价值 $\sum_{r \in \mathcal{R} \cup \{0\}} g_v(\mathcal{S}_r)$。如果上述价值达到最大值或迭代次数超过最大阈值 I，则将获得所有背包的物品集。否则，算法从步骤 2 开始下一次迭代。

表 5-2 基于缓存优先级的分层缓存算法（PrioCaching 算法）

Algorithm 基于缓存优先级的分层缓存算法（PrioCaching 算法）
1. **Input**：$C_r, p_{u,f,k}, o_{f,l}, \lambda_{r,f,l,u}$
2. 初始化参数.
3. (1)将每层视频片段映射到重量为 $o_{f,l}$ 的物品集 $\mathcal{O}$.
4. (2)设置 $\mathcal{S}_r = \Phi$，其中 $r \in \mathcal{R} \cup \{0\}$.
5. 决定每个物品的缓存优先级（基于 SVM）.
6. **REPEAT**
7.   为背包 0 更新 $\mathcal{O}$ 中的物品价值.
8.   为背包 0 调用表 5-3，得到 $\mathcal{S}_0$.
9.   **For** $r \in \mathcal{R}$
10.   为背包 r 更新 $\mathcal{O}$ 中的物品价值.
11.   为背包 r 调用表 5-3，得到 $\mathcal{S}_r$.
12.   **EndFor**
13. **UNTIL** 获得 $\sum_{r \in \mathcal{R} \cup \{0\}} g_v(\mathcal{S}_r)$ 最大值，或者迭代次数超过阈值 I.
14. **Output**：$\mathcal{S}_r, \forall r \in \mathcal{R} \cup \{0\}$

5.4.3　PrioCaching 算法的复杂度分析

由于训练过程可以离线执行，因此只考虑 PrioCaching 算法的在线决策阶段。首先，在每个背包中以 $\mathcal{O}$ 的单位价值降序对物品进行排序，其复杂度为 $O((|\mathcal{R}|+1)|\mathcal{O}|\log|\mathcal{O}|)$。然后，对于每个物品，根据 SVM 模型判断物品优先级的复杂度为 $O(N_c t_{\text{in}})$[133]，其中 N_c 是输出类别的数量，在本模型中为 2，而 t_{in} 表示输入向量的维数，即 $|\mathcal{R}|+1+2+6=|\mathcal{R}|+9$。单背包填充算法（表 5-3）的复杂度为 $O(|\mathcal{O}|\log|\mathcal{O}|)$。因而，PrioCaching 算法的最大计算复杂度可以由 $O(N_c t_{\text{in}}|\mathcal{O}|+I(|\mathcal{R}|+1)|\mathcal{O}|\log|\mathcal{O}|)$ 计算得到。

可以看出，本分层缓存方案可以以较低的计算开销执行并在多项式时间内完成。

表 5-3 单背包填充算法

Algorithm 单背包填充算法
1. **Input**：$\mathcal{O}, C_r, p_{u,f,k}, o_{f,l}, \lambda_{r,f,l,u}$
2. 计算 $D_{r,f,l,k}$（根据式(5-11)）.
3. 根据 $D_{r,f,l,k}/o_{f,l}$，对 $\mathcal{O}$ 中的物品按降序排序.
4. **For** $\mathcal{O}$ 中每个物品 $a_i, 1 \leq i \leq |\mathcal{O}|-1$
5.   **If** $g_w(\mathcal{S}_r \cup \{a_i\}) \leq C_0$
6.   设定 $\mathcal{S}_r := \mathcal{S}_r \cup \{a_i\}$.
7.   **EndIf**
8. **EndFor**
9. **Output**：$\mathcal{S}_r$.

5.5 针对高时延远程下载场景的 SVC 视频分层缓存

实际上，从远程服务器下载视频的延时通常比从网络边缘[111]的本地缓存下载视频的延时高很多倍。考虑该实际情况，即满足条件 $t_S - t_{r,u} \approx t_S - t_0 \approx t_S$，可以将式(5-6)中给出的平均延时简化为

$$T_{r,f,l,k} = t_S \sum_{i=1}^{l} o_{f,i}(1 - b_{r,f,i,k})(1 - b_{0,f,i,k}) \tag{5-13}$$

另外，令

$$Q_{r,f,l,k} = \frac{\overline{T_{r,f,l,k}}}{t_S} = \sum_{i=1}^{l} o_{f,i}(1 - b_{r,f,i,k})(1 - b_{0,f,i,k}) \tag{5-14}$$

式中，$Q_{r,f,l,k}$ 表示从 1 到 l 的视频 f 的层数，它们既不缓存在 DU r 中，也不缓存在 CU 池中。

用 R_{miss} 表示由于缓存未命中而从远程服务器下载的视频数据，则原最小化延时问题(5-8)可等效表示为

$$\begin{aligned}
\min_{b_{r,f,l,k}} R_{\text{miss}} &= \sum_{r \in \mathcal{R}} \sum_{u \in \mathcal{U}_r} \sum_{f \in \mathcal{F}} \sum_{l \in \mathcal{L}} \sum_{k \in \mathcal{K}_f} p_{u,f,k} \lambda_{r,f,l,u} Q_{r,f,l,k} \\
\text{s.t.} \quad & \sum_{f \in \mathcal{F}} \sum_{l \in \mathcal{L}} \sum_{k \in \mathcal{K}_f} b_{r,f,l,k} o_{f,l} \leq C_r, \forall r \in \mathcal{R} \cup \{0\}, \\
& b_{r,f,l,k} \in \{0,1\}, \forall r \in \mathcal{R} \cup \{0\}
\end{aligned} \tag{5-15}$$

可以看出，问题(5-15)是问题(5-8)的特例，可以采用 PrioCaching 算法来获得启发式解决方案，但由于问题(5-15)的特殊结构，从降低复杂度和保证近似比的角度，可以设计一种更加简化高效的分层缓存算法。

5.5.1 简化的分层缓存算法

引理 5.2 在问题(5-15)的最优解中，SVC 视频不能同时缓存在 CU 池和 DU 中，即 $b_{r,f,l,k} b_{0,f,l,k} = 0$ 或 $b_{r,f,l,k} + b_{0,f,l,k} \leq 1, \forall r \in \mathcal{R}, \forall f, \forall l, \forall k$。

证明：通过反证法证明引理 5.2。假设存在一个最优解，在 CU 池和 DU r 的缓存中都缓存了视频片段 (f,k) 的第 l 层，即 $b_{r,f,l,k}=1$ 和 $b_{0,f,l,k}=1$。显然，如果设置 $b_{r,f,l,k}=0$，

则式(5-15)的目标值将不会更改,即删除 DU r 中 (f,k) 的缓存内容不会影响结果。此时,如果将其他未缓存的内容填充至先前缓存内容已被删除的 DU r 中,显然将得到更优解。这与最优解的假设相矛盾。

基于引理 5.2,进一步简化 R_{miss} 为

$$R_{\text{miss}} = B - \sum_{r \in \mathcal{R} \cup \{0\}} \sum_{f \in \mathcal{F}} \sum_{l \in \mathcal{L}} \sum_{k \in \mathcal{K}_f} R_{r,f,l,k} b_{r,f,l,k} \tag{5-16}$$

式中,B 和 $R_{r,f,l,k}$ 分别由式(5-17)和式(5-18)给出:

$$B = \sum_{r \in \mathcal{R}} \sum_{u \in \mathcal{U}_r} \sum_{f \in \mathcal{F}} \sum_{l \in \mathcal{L}} \sum_{k \in \mathcal{K}_f} p_{u,f,k} \lambda_{r,f,l,u} \sum_{i=1}^{l} o_{f,i} \tag{5-17}$$

$$R_{r,f,l,k} = \begin{cases} o_{f,l} \sum_{r' \in \mathcal{R}} \sum_{u \in \mathcal{U}_{r'}} \sum_{i=l}^{\lfloor \mathcal{L} \rfloor} p_{u,f,k} \lambda_{r',f,i,u}, & r=0 \\ o_{f,l} \sum_{u \in \mathcal{U}_r} \sum_{i=l}^{\lfloor \mathcal{L} \rfloor} p_{u,f,k} \lambda_{r,f,i,u}, & r \in \mathcal{R} \end{cases} \tag{5-18}$$

因此,问题(5-15)可以等效地转换为以下问题:

$$\max_{b_{r,f,l,k}} \sum_{r \in \mathcal{R} \cup \{0\}} \sum_{f \in \mathcal{F}} \sum_{l \in \mathcal{L}} \sum_{k \in \mathcal{K}_f} R_{r,f,l,k} b_{r,f,l,k}$$

$$\text{s.t.} \sum_{f \in \mathcal{F}} \sum_{l \in \mathcal{L}} \sum_{k \in \mathcal{K}_f} b_{r,f,l,k} o_{f,l} \leqslant C_r, \forall r \in \mathcal{R} \cup \{0\} \tag{5-19}$$

$$b_{r,f,l,k} + b_{0,f,l,k} \leqslant 1, \forall r \in \mathcal{R}, \forall f, \forall l, \forall k$$

$$b_{r,f,l,k} \in \{0,1\}, \forall r \in \mathcal{R} \cup \{0\}, \forall f, \forall l, \forall k$$

与 5.4 节求解问题(5-12)所做的工作类似,问题(5-19)也可以解释为背包问题。在此,对于视频片段 (f,k) 的第 l 层,将其放入背包 r 时,重量和价值分别为 $o_{f,l}$ 和 $R_{r,f,l,k}$。但添加了新的约束,即物品不能同时存在于背包 0 和背包 $r \in \mathcal{R}$ 中。

由于 CU 池和 DU 与远程视频服务器相比具有相似的传输延时,此时 CU 池的优先级要高于所有 DU,因此应先根据 $D_{0,f,l,k}$(此时与 $R_{0,f,l,k}$ 无本质区别)对所有视频进行排序,并填充背包 0,得到一个视频集合 $\mathcal{S}_0$。然后,对所有视频在 DU 中的价值 $D_{r,f,l,k}$(此时与 $R_{r,f,l,k}$ 无本质区别)进行更新。对于 $\mathcal{S}_0$ 中的视频文件,其在每个 DU 中的价值都更新为 0。也就是说,在特殊情况下,背包 0 始终具有最高优先级来缓存视频内容。

基于以上分析,提出一种能提供 1/2 最优解近似比(见定理 5.1)的简化方法(命名为 SimPrioCaching 算法),如表 5-4 所示。首先,对 $\mathcal{O}$ 中的物品按单位价值降序排序,如果 $i \leqslant j$,则 $\frac{g_v(a_i)}{g_w(a_i)} \geqslant \frac{g_v(a_j)}{g_w(a_j)}$,其中 a_i 和 a_j 表示 $\mathcal{O}$ 中的第 i 个和第 j 个物品。然后,根据此顺序将尽可能多的物品放入背包 0,并获得 $\mathcal{S}_0$ 的物品集合。接着,对于每个背包 $r(r \in \mathcal{R})$,对 $\mathcal{O} \setminus \mathcal{S}_0$ 中的物品以相同方法进行降序排序。最后,根据降序结果,在背包 r 中填充尽可能多的物品。

定理 5.1 SimPrioCaching 算法至少能提供 1/2 最优解的近似比。

证明:见附录 A。

5.5.2 SimPrioCaching 算法的复杂度分析

在 SimPrioCaching 算法中,首先对物品集 $\mathcal{O}$ 中的所有物品进行排序,然后针对每个 DU

的物品集 $\mathcal{O}_r$ 中的所有物品执行 $|\mathcal{R}|$ 相似排序。因此，整个算法的复杂度可以由 $O(|\mathcal{O}|\log|\mathcal{O}|+\sum_{r\in\mathcal{R}}|\mathcal{O}_r|\log|\mathcal{O}_r|)$ 给出。与 PrioCaching 算法相比，SimPrioCaching 算法具有更低的复杂度且更易于实现。

表 5-4 面向高延时远程下载场景的启发式缓存算法（SimPrioCaching 算法）

Algorithm 面向高延时远程下载场景的启发式缓存算法（SimPrioCaching 算法）
1. **Input**：$C_r, p_{u,f,k}, o_{f,l}, \lambda_{r,f,l,u}$
2. 将每层视频片段映射到重量为 $o_{f,l}$ 的物品集 $\mathcal{O}$。根据式(5-18)计算 $R_{r,f,l,k}$，设置 $\mathcal{S}_r=\Phi, \forall r\in\mathcal{R}\cup\{0\}$，其中 Φ 代表空集.
3. 根据 $R_{0,f,l,k}$，对 $\mathcal{O}$ 中的物品进行降序排序
4. **For** 每个在 $\mathcal{O}$ 中的物品 $a_i, 1\leqslant i\leqslant|\mathcal{O}|-1$
5.   **If** $g_w(\mathcal{S}_0\cup\{a_i\})\leqslant C_0$
6.   设置 $\mathcal{S}_0:=\mathcal{S}_0\cup\{a_i\}$.
7.   **EndIf**
8. **EndFor**
9. **For** $r\in\mathcal{R}$
10.   设置 $\mathcal{O}_r=\mathcal{O}\setminus\mathcal{S}_0$
11.   根据 $R_{r,f,l,k}$，对 $\mathcal{O}_r$ 中的物品进行降序排序.
12.   **For** 每个在 $\mathcal{O}_r$ 中的物品 $a_j, 1\leqslant j\leqslant|\mathcal{O}_r|-1$
13.   **If** $g_w(\mathcal{S}_r\cup\{a_j\})\leqslant C_r$
14.   设置 $\mathcal{S}_r:=\mathcal{S}_r\cup\{a_j\}$.
15.   **EndIf**
16.   **EndFor**
17. **EndFor**
18. **Output**：$\mathcal{S}_r, \forall r\in\mathcal{R}\cup\{0\}$

5.6 仿真分析

本节基于 MATLAB 构建仿真平台对所提缓存方案的性能进行评估。在该平台中，根据 5.2 节中的模型对用户移动和视频请求进行模拟和预测，并采用集成在 MATLAB 中的 SVM 分类器工具。主要从平均传输延时，缓存命中率和 QoE 等性能指标进行对比分析。

5.6.1 仿真场景

网络设置：考虑部署有 5 个 RRH(DU) 的 NG-RAN 网络，这些 RRH(DU) 连接到 CU 池并由其控制。默认情况下，NG-RAN 中的移动用户数设置为 50。与第 4 章一致，将 t_0 设置为 5 ms，$t_S=50$ ms。CU 池的缓存容量为 20 GB，DU 的缓存容量设为 CU 池缓存容量的十分之一。可用带宽，发射功率和噪声功率分别设置为 $B_r=20$ MHz，$P_r=35$ dBm 和 $\sigma^2=-105$ dBm。用户移动性由高斯—马尔可夫过程表征，其中平均速度为 $\mu=(0.6,3.8)$ m/s，其他移动性参数设置为 $\beta=2$ 和 $\rho=0.8$。

视频应用设置：使用 SVC 方法将服务器中的每个视频编码为 1 个基本层和 4 个增强

层。通常，视频层的比特率取决于编码参数和视频内容。为简化仿真，假设不同的视频具有相似的比特率，而且每一层的比特率均为 500 kbit/s。因此，视频服务器以 500 kbit/s 为步长，提供 5 个版本的视频，范围分别从 500 kbit/s～2 500 kbit/s。偏离率 p_F 和 p_B 分别设置为 0.7 和 0.3。视频的持续时间遵循从 2 分钟到 10 分钟的均匀分布。视频分为多个片段，每个片段持续 2 秒。数值结果由对持续时间为 5 分钟的大量独立运行样例求平均得到。基本仿真基本参数如表 5-5 所示。

表 5-5 基本仿真参数

参数	值
RRH(DU)数量 $\|\mathcal{R}\|$	5
用户数 $\|\mathcal{U}\|$	[50,150]
DU 缓存容量 C_r	2 GB
CU 池缓存容量 C_0	20 GB
CU 池与用户间平均时延 t_0	5 ms
视频源与用户间平均延时 t_S	50 ms
RRH 总带宽 B_r	20 MHz
RRH 发射功率 P_r	35 dBm
噪声功率 σ_0^2	−105 dBm
SVC 视频编码	1 个基本层和 4 个增强层
视频比特率	[500,2500] kbit/s

5.6.2 基线算法

所提算法与以下两种基线算法进行性能比较。

- 基线算法(Baseline)1：第一个是非分层缓存方案，视频数据在不同版本之间没有共享。与所提算法不同，非分层缓存方法使用传统的不可扩展编码协议来编码视频。通常，SVC 会多消耗大约 20% 的比特来获得相同的视频质量，这是采用分层编码方案的额外开销[134]。
- 基线算法(Baseline)2：将 Choi[135] 提出的缓存方法做为第二种比较基准，该算法的缓存单元为整个视频文件。

5.6.3 性能评估

1. 平均延时

图 5-2 所示为随着视频片段数量的增加，不同缓存方案的平均延时特性。Zipf 分布的参数 α 分别设置为 0.6 和 0.9。如图 5-2 所示，对于所有缓存方案，视频片段的数量越大，下载单个视频片段的平均延时就越高。所提 PrioCaching 算法优于基准方案的原因是分层缓存方案可重用低层视频数据，从而充分利用了 SVC 分层视频编码的优势。图 5-2 所示为内容重用增益可以克服分层编码 20% 的开销，并带来更优的性能。此外，以视频整体作为缓存对象的基线算法 2 的性能，要比以视频片段作为内容缓存对象的算法性能低。主要原因是，基线算法 2 不能感知移动性，当用户从一个 RRH 移动到另一个 RRH 时，原关联 RRH 对应 DU 中预缓存的大量视频片段可能变得无用。此外，当 α 从 0.6 增加到 0.9 时，即视频

请求变得更加集中,所有方案的平均延时都相应减小。这与 Zipf 分布的特征一致,即视频请求越集中,缓存性能越好。

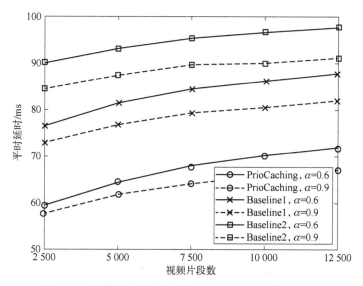

图 5-2　不同缓存方案中下载视频片段的平均传输延时

2. 缓存命中率

图 5-3 所示为不同缓存方案、不同 α 以及不同视频数量情况下缓存命中率的变化趋势。随着视频片段数量的增加,所有缓存方案的缓存命中率都会降低。但是,所提 PrioCaching 算法的性能优于其他基准算法。需要指出的是,得益于分层视频的数据重用特性,具有 α = 0.6 的分层缓存方案的缓存命中率高于 α = 0.9 的非分层缓存方案的缓存命中率。此外,PrioCaching 算法和基线算法 1 比基线算法 2 都好,这要归功于前两者能够更有效地利用缓存空间。

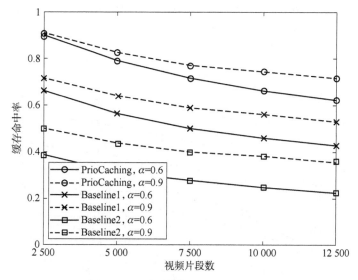

图 5-3　不同缓存方案的缓存命中率

3. 回程流量负载

图 5-4 所示为不同缓存方案下的回程流量负载性能,其中无本地缓存(NoCache)的方案意味着 CU 池和 DU 均无缓存能力。与 NoCache 方案相比,所提 PrioCaching 算法减少回程流量负载最高可达 65%。与其他基线算法比较,PrioCaching 算法也是最优的。不同的 α 的属性也符合 Zipf 分布。结果表明,缓存是减轻回程链路上带宽压力的有效解决方案。

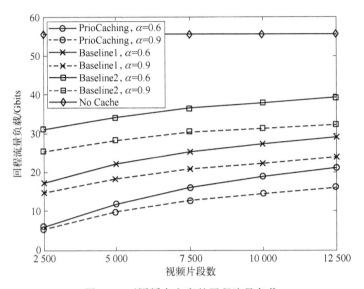

图 5-4 不同缓存方案的回程流量负载

4. 平均暂停次数

由于观看中断在很大程度上影响了用户的体验质量,因此对不同方案的平均暂停次数进行了仿真。如图 5-5 所示,不同缓存方案下的平均暂停次数随视频片段数的增加而增加。与基线方案相比,采用所提 PrioCaching 算法时,用户经历的暂停次数更少。另外,当用户请求更加集中时,即 Zipf 分布的参数 α 从 0.6 变为 0.9,暂停的次数也相应减少。

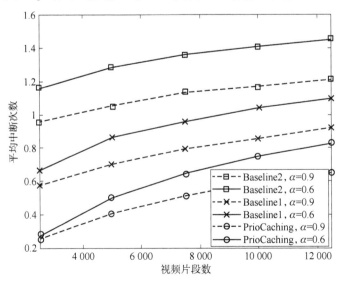

图 5-5 不同缓存方案的平均暂停数

5. 用户数的影响

图 5-6 所示为用户规模对所提 PrioCaching 算法性能的影响。用户总数分别设置为 60、80、100 和 120，Zipf 分布的参数 α 设置为 0.6。在本方案设计中，大多数性能指标与用户总数关系密切。根据式(5-4)和式(5-5)可知，随着用户数量的增加，下载速率趋于降低，从而导致对较低版本视频的请求增多。尽管平均视频质量受损，但由于更多的用户会请求低质量的视频，即请求的分布更集中，从而可以在本地缓存中找到更多请求的视频，使得缓存命中率和回程流量负载性能均有所改善。此外，由于较低版本的视频包含较少的比特数，而在模拟中单位比特的平均延时是恒定的，因此，当下载的比特数较少时，平均延时也较小，潜在的暂停时间也较小。

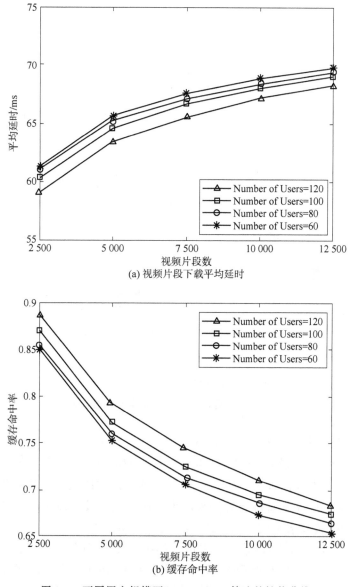

图 5-6 不同用户规模下 PrioCaching 算法的性能曲线

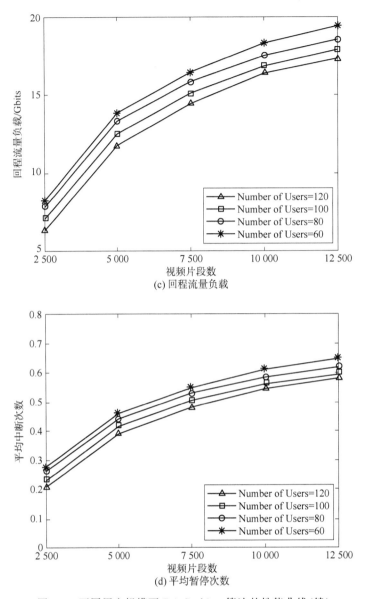

图 5-6 不同用户规模下 PrioCaching 算法的性能曲线（续）

6. 针对高延时远程下载场景的仿真分析

在第 5.5 节中介绍的特殊场景中，满足 $t_S-t_{r,u} \approx t_S-t_0 \approx t_S$，最小化系统总等待时间等同于最大化缓存命中率。如图 5-7 所示，这种特殊场景的曲线分布趋势与通用延时最小化场景一致。所提 SimPrioCaching 算法和两个基线方案的其他性能对比与图 5-2，图 5-3，图 5-4，图 5-5 和图 5-6 中表现的关系一致，在此不再赘述。

图 5-8 所示为 SimPrioCaching 算法和两种基线方案在不同 DU 中的缓存命中率，其中视频片段数设置为 5 000，Zipf 分布的参数 α 设置为 0.6。由于用户对视频内容的兴趣不同，因此不同 DU 中的缓存命中率会有所不同。通过采用 SimPrioCaching 算法，用户更有可能在每个 DU 中获得更高的缓存命中率。

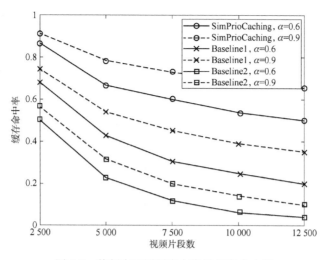

图 5-7 特例中不同缓存方案的缓存命中率

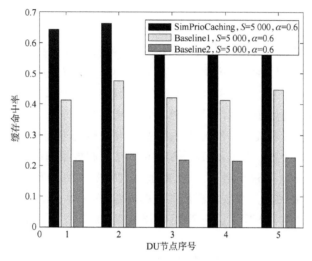

图 5-8 不同 DU 中的缓存命中率

5.7 本章小结

本章开展了 NG-RAN 框架下的 SVC 视频缓存优化研究。在考虑用户移动性的基础上,通过在缓存方案中联合考虑视频内容的分层特性和网络结构的分层特性,有效提升了系统性能。为最大程度减少平均视频下载传输等待时间,提出了 0-1 规划问题,并证明了问题是 NP-Hard 的。为便于求解问题,将其简化为特殊的背包问题进行研究。进一步地,为实现多项式时间内的问题求解,提出了一种 PrioCaching 分层缓存算法。另外,考虑一种特殊但常见的场景,即远程下载传输延时比本地下载传输延时高很多倍的情况,将原始问题等效简化为缓存命中率最大化问题,提出了一种具有 1/2 近似比的简化算法(SimPrioCaching 算法)并进行了证明。仿真结果表明,与基线方案相比,所提方案在平均延时、缓存命中率、回程流量负载和平均暂停次数等性能方面均有更大的优势。

第6章 基于视场合成特性的360°VR视频无线边缘缓存

6.1 引　　言

随着近几年的不断发展,虚拟现实(Virtual Reality,VR)业务已经在教育、军事训练和娱乐等多个领域得到广泛应用,而且正经历从单用户有线连接向多用户无线连接的演进过程。在无线网络中部署VR系统,将使VR用户摆脱由于线缆连接造成的地理空间和行动限制,有效提升VR用户在虚拟空间中的沉浸式体验效果。然而,VR视频天然的高数据速率、低延时、计算密集等业务属性对无线网络提出了更高的要求。

以360°VR视频为例,其传输所产生的带宽需求是传统视频的4~5倍,4K分辨率的360°VR视频数据速率为50 Mbit/s,8K分辨率的VR视频数据速率则高达200 Mbit/s[136]。随着VR头戴式耳机数量的快速增长[2],无线通信网络的传输带宽很难满足业务需求。考虑到用户任意时刻主要关注其视场范围内的视频内容,学术界提出了视场(Field of Vision,FoV)流传输的解决方案,即不发送全景视频流数据,而仅发送用户FoV流来减少带宽消耗。

尽管FoV流传输有助于减少带宽需求,但是由于网络延时,从远程内容服务器实时获取360°视频流仍然具有很大挑战。在网络边缘(如DU、基站和CU池)缓存流行的VR内容可以有效应对这种挑战,已有学者对360°VR视频的无线缓存问题进行了研究[55-57,137]。但是,这些缓存方案大多没有考虑360°VR的视频特性,其缓存效果还有提升空间。

实际上,在无线360°VR视频流传输中,由于相邻的FoV通常共享许多相似的内容,因而可以利用图像处理方法对已缓存的临近("左、右"或"上、下")视频数据进行合成,进而得到用户当前请求的视场数据。显然,在网络边缘缓存的可用于合成所需FoV视场的数据越多,需要视频源发送的数据越少,从而有效降低数据下载延时和回程流量负载,提升系统性能。

基于此,本章主要针对NG-RAN框架下360°VR视频业务无线传输的边缘缓存优化开展研究。与已有研究工作不同,所提方案在利用NG-RAN的双层协作缓存架构和计算能力的基础上,进一步考虑了360°VR视频的视场合成特性,具体为:

- 针对视场合成的计算密集型任务特点,利用CU池的计算能力,提出基于CU池的视场合成方案,以降低下载延时和终端能耗。

- 针对大量视场合成任务的并行处理对 CU 池可用计算资源的快速消耗问题,界定了计算资源与计算延时的数学关系,以优化计算资源分配。
- 针对缓存容量与缓存视场数量的制约关系,提出基于视场流行度和视场合成距离的缓存判据,可保证在缓存容量受限的情况下合理、高效地实施缓存决策,提升缓存性能。

本章内容安排如下。6.2 节介绍了系统模型,主要包括缓存模型、VR 视频模型和延时模型。6.3 节阐述了最小化平均等待延时的分层协作缓存问题。6.4 节理论分析了所提问题的最优解,讨论了整体缓存流程。从降低复杂度的角度,提出了一种在线缓存算法,并证明了该算法与理论最优解的近似比。6.5 节对算法性能进行了仿真评估。6.6 节对本章进行了总结。

本章的重要符号汇总如表 6-1 所示。

表 6-1 符号表示

符号	描述
$\mathcal{R}, |\mathcal{R}|, r$	RRH(DU)集,RRH(DU)数量,第 r 个 RRH(DU)
$\mathcal{F}, |\mathcal{F}|, f$	视频库,视频总数,第 f 个 VR 视频文件
$\mathcal{K}, |\mathcal{K}|$	行视场集,一个视频片段中每行的视场数
$\mathcal{M}, |\mathcal{M}|$	列视场集,一个视频片段中每列的视场数
$\mathcal{U}, |\mathcal{U}|, u$	用户集,用户总数,第 u 个用户
$\mathcal{S}, |\mathcal{S}|$	视频片段集,一个视频文件中的视频片段数
f_s	视频 f 的第 s 个片段
$f_s(k,m)$	视频 f 的第 s 个片段的第 (k,m) 个视场
$\text{SIZE}_{f_s(k,m)}$	视场大小
C_0, C_r	CU 池、DU 缓存容量
$\gamma_{r,u}$	用户 u 与其关联 RRH(DU) r 的平均 SINR
Ω_r	在一定周期内到达 RRH(DU) r 的新请求数
req_r	DU r 中请求视场合成任务的比例
δ_r	DU r 内的视场合成请求到达速率
Λ_f	视频文件流行度
V_0, V_S	前传链路和回程链路的总数据速率
$R_{r,u}$	RRH(DU) r 服务范围内用户 u 的平均下载速率
Ψ	用户能够请求的所有视频集
ξ	MEC-Cache 服务器的服务速率

6.2 系统模型

6.2.1 缓存模型

基于 NG-RAN 的 360°VR 缓存系统如图 6-1 所示。系统主要由一个 CU 池和一组 RRH(DU)组成,所有 RRH(DU)均通过高带宽前传链路与 CU 池连接。由于 RRH 和 DU 同站址部署(具有一一对应关系),其集合均可用 $\mathcal{R}=\{1,2,\cdots,r,\cdots,|\mathcal{R}|\}$ 表示。

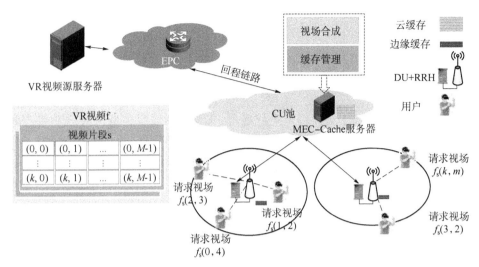

图 6-1 基于 NG-RAN 的 360°VR 缓存系统示意图

CU 池中部署了 MEC-Cache 服务器,提供计算、合成和缓存等功能,以支持与用户紧密相关的上下文感知和延时敏感的应用。MEC-Cache 服务器的缓存容量为 C_0 字节,DU r 上部署的边缘缓存容量为 C_r 字节。一般地,$C_r \ll C_0$。用户可以从本地 DU 缓存或 CU 池缓存中获取请求的视频数据,以减轻流量负载,减少前传和回程链路延时。此外,考虑到网络中下行视频流量占据流量的主要部分,请求上传的数据量很少(即前传上行链路负载较轻),用户可以通过 MEC-Cache 服务器从其他 DU 缓存中获取视频数据,从而进一步减少回程链路的资源消耗。如果用户所需的视场数据未被缓存,而其参考视场缓存在 CU 池或 DU,则该数据可以通过 MEC-Cache 服务器视场合成得到。当所请求的视频数据既没有被缓存,也不能被合成得到时,用户需要从 VR 视频源服务器下载。

系统服务的用户集表示为 $\mathcal{U}=\{1,2,\cdots,u,\cdots,|\mathcal{U}|\}$,其中 $|\mathcal{U}|$ 表示总的用户数。系统假定一个用户只能同时关联到一个最近的 RRH(DU)。此外,从 VR 业务的交互属性和用户实际体验角度考虑,本章假定 VR 用户仅在一个 RRH(DU)覆盖范围内小范围移动,不会发生切换等通信过程。

6.2.2 VR 视频模型

存储在 VR 视频源服务器的 360°VR 视频集用 $\mathcal{F}=\{1,2,\cdots,f,\cdots,|\mathcal{F}|\}$ 表示,任意 360°VR 视频 f 可分成 $|\mathcal{S}|$ 个视频片段,其视频片段集表示为 $\mathcal{S}=\{f_1,f_2,\cdots,f_s,\cdots,f_{|\mathcal{S}|}\}$。每个视频片段 f_s 可以进一步拆分为 $|\mathcal{K}|\times|\mathcal{M}|$ 个视场(视场集合定义为 $\{\mathcal{K},\mathcal{M}\}$),任意视场可以用 $f_s(k,m)$ 表示,其中 $k\in\mathcal{K},m\in\mathcal{M}$。由于相邻视场覆盖范围有重叠,$f_s(k,m)$ 可以由参考视场合成得到。参考视场具体指与 $f_s(k,m)$ 相邻的左视场 $f_s(k-1,m)$ 和右视场 $f_s(k+1,m)$,或者上视场 $f_s(k,m-1)$ 和下视场 $f_s(k,m+1)$。合成得到的视场质量取决于该视场与参考视场的距离以及参考视场的质量。用户可以请求的所有视场集合为 $\Psi=\{f_s(k,m)|f\in\mathcal{F},s\in\mathcal{S},k\in\mathcal{K},m\in\mathcal{M}\}$。此外,考虑到 VR 视频具有不同分辨率和不同版本,$f_s(k,m)$ 的大小也不同,用 $\text{SIZE}_{f_s(k,m)}$ 表示。为了积累大量的请求到达数,缓存设计的评估周期较长,设在评估周期内到达 DU r 的新请求数用集合 $\Omega_r \subseteq \Psi$ 表示。

6.2.3 延时模型

与前几章假设相似,用 t_S,t_0 和 $t_{r,u}$ 分别表示源服务器到 CU 池,CU 池到 RRH(DU),以及 RRH(DU)到用户的单比特数据传输平均延时,其具体计算公式如 3.2.1 小节式(3-1)、式(3-2)和式(3-3)所示。与前几章不同的是,由于视场合成属于计算密集型任务,其计算延时不可忽略,因而本章所述下载延时包含传输延时和计算延时两部分。

一般认为,每个 DU 服务范围内的视场合成请求服从速率为 $\delta_r(r \in R)$ 的泊松过程。假设 req_r 定义为 DU r 服务的所有用户请求的视场合成任务的比例,ξ 定义为 MEC-Cache 服务器的服务速率。根据排队论[138],可以得到 MEC-Cache 服务器生成的计算延时 t_{cmp},表示如下:

$$t_{\text{cmp}} = \frac{\sum_{i=1}^{|\mathcal{R}|} \text{req}_i \delta_i}{\xi - \sum_{i=1}^{|\mathcal{R}|} \delta_i} \tag{6-1}$$

式中,$\sum_{i=1}^{|\mathcal{R}|} \delta_i$ 是 MEC-Cache 服务器上的视场合成任务量,$\dfrac{1}{\xi - \sum_{i=1}^{|\mathcal{R}|} \delta_i}$ 是 MEC-Cache 服务器上每个任务的平均执行延时 $(\xi - \sum_{i=1}^{|\mathcal{R}|} \delta_i > 0)$。

因而,用户与 MEC-Cache 服务器之间的下载延时 $t_{\text{cs},u}$ 可表示为

$$t_{\text{cs},u} = t_0 + t_{r,u} + t_{\text{cmp}} \tag{6-2}$$

为了确保用户及时收到请求的视场,当 MEC-Cache 服务器可以合成请求的视频时,$t_{\text{cs},u}$ 应该低于从源服务器直接请求数据的传输延时,即

$$t_{\text{cs},u} \leq t_S \tag{6-3}$$

6.3 问题建模

本章旨在通过设计有效的缓存方案实现 VR 视频数据下载平均延时的最小化。一方面,本章延续了 NG-RAN 的分层缓存结构;另一方面,考虑到用户请求的视场数据可以通过相邻视场合成得到,缓存方案基于 VR 视频的视场合成特性设计。具体而言,在进行问题建模时,不仅考虑了请求视场的流行度,还考虑了待缓存视场可能带来的视场合成增益。进一步地,由于视场合成是计算密集型任务,计算资源与延时约束关系也被考虑其中。下面就问题建模进行具体表述。

首先,分析用户下载 VR 视频的所有情况。为便于描述,引入以下 0-1 指示变量:

$$x_{0,u}^{f_s(k,m)}, x_{r,u}^{f_s(k,m)}, y_{r,u}^{f_s(k,m)}, x_{b,u}^{f_s(k,m)}, y_{b,u}^{f_s(k,m)}, z_{b,u}^{f_s(k,m)}, z_{b',u}^{f_s(k,m)} \in \{0,1\} \tag{6-4}$$

(a) 请求的视场数据直接从关联的DU缓存中获取

(b) 请求的视场数据从CU池的缓存中获取

(c) 请求的视场数据未缓存,但参考视场数据缓存在CU池,可由CU池中的MEC-Cache服务器合成

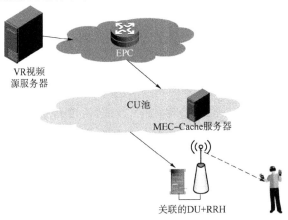

(d) 请求的视场数据从视频源服务器获取

图 6-2 用户请求视频数据时可能发生情况示意图

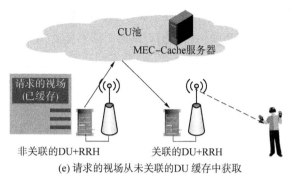

(e) 请求的视场从未关联的DU缓存中获取

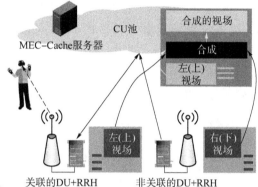

(f) 请求的视场数据未被缓存,但部分参考视场数据缓存在DU和CU池

图 6-2　用户请求视频数据时可能发生情况示意图(续)

当用户请求视频数据时,数据流向主要包括如图 6-2 所示的七种情况,可具体描述为

- $x_{r,u}^{f_s(k,m)}=1$ 表示用户可以直接在关联的 DU 缓存中获取所需的视场数据(图 6-2a),否则 $x_{r,u}^{f_s(k,m)}=0$。这种情况下,用户 u 从 DU r 缓存下载所需视频数据 $f_s(k,m)$ 的延时可表示为 $D_{\text{rcache}}=x_{r,u}^{f_s(k,m)} \cdot \text{SIZE}_{f_s(k,m)} \cdot t_{r,u}$。

- $x_{b,u}^{f_s(k,m)}=1$ 表示用户可以直接在 CU 池缓存中获取所需的视场数据(图 6-2b),否则 $x_{b,u}^{f_s(k,m)}=0$。这种情况下,用户 u 从 CU 池缓存下载所需视频数据的延时可表示为 $D_{\text{bcache}}=x_{b,u}^{f_s(k,m)} \cdot \text{SIZE}_{f_s(k,m)} \cdot (t_0+t_{r,u})$。

- $y_{b,u}^{f_s(k,m)}=1$ 表示参考视场数据(左右或上下)都已缓存在 CU 池中,用户可以从 CU 池获取合成后的视场数据(图 6-2c),否则 $y_{b,u}^{f_s(k,m)}=0$。这种情况下,用户 u 从 CU 池下载合成视频数据的延时可表示为 $D_{\text{synB}}=y_{b,u}^{f_s(k,m)} \cdot \text{SIZE}_{f_s(k,m)} \cdot t_{cs,u}$。

- $x_{0,u}^{f_s(k,m)}=1$ 表示用户只能从源服务器获取所需的视场数据(图 6-2d),否则 $x_{0,u}^{f_s(k,m)}=0$。这种情况下,用户 u 从源端下载视频数据的延时可表示为 $D_{\text{remote}}=x_{0,u}^{f_s(k,m)} \cdot \text{SIZE}_{f_s(k,m)} \cdot t_S$。

- $y_{r,u}^{f_s(k,m)}=1$ 表示只能在未关联的 DU 缓存中获取所需的视场数据(图 6-2e),否则 $y_{r,u}^{f_s(k,m)}=0$。这种情况下,用户 u 从未关联的 DU r 下载所需视频数据 $f_s(k,m)$ 的延时可表示为 $D_{r'\text{cache}}=y_{r,u}^{f_s(k,m)} \cdot \text{SIZE}_{f_s(k,m)} \cdot (2t_0+t_{r,u})$。

- $z_{b,u}^{f_s(k,m)}=1$ 表示在 DU 和 CU 池中没有缓存所需的视场数据，但是由于参考视场数据已缓存在 DU 中，因此所需的视场数据可以由 CU 池合成（图 6-2f）；否则 $z_{b,u}^{f_s(k,m)}=0$。这种情况下，下载延时可表示为 $D_{\text{synR}}=z_{b,u}^{f_s(k,m)} \cdot \text{SIZE}_{f_s(k,m)} \cdot (t_0+t_{\text{cs},u})$。
- $z_{b',u}^{f_s(k,m)}=1$ 表示在 DU 和 CU 池中没有缓存所需的视场数据，但在 DU 中缓存了所需的一半参考视场（左或右、上或下）数据，CU 池中缓存了另一半参考数据（图 6-2f），否则 $z_{b',u}^{f_s(k,m)}=0$。当 $z_{b',u}^{f_s(k,m)}=1$ 的情况下，所需的视场数据也可以合成，其下载延时可表示为 $D_{\text{synBR}}=z_{b',u}^{f_s(k,m)} \cdot \text{SIZE}_{f_s(k,m)} \cdot (t_0+t_{\text{cs},u})$。

显然，上述七种情况同时只有一种情况发生，即满足以下约束：

$$x_{r,u}^{f_s(k,m)}+x_{b,u}^{f_s(k,m)}+y_{b,u}^{f_s(k,m)}+x_{0,u}^{f_s(k,m)}+y_{r,u}^{f_s(k,m)}+z_{b,u}^{f_s(k,m)}+z_{b',u}^{f_s(k,m)}=1 \tag{6-5}$$

然后，为描述 DU 和 CU 池中视场数据的缓存状态，定义两个 0~1 变量 $c_r^{f_s(k,m)}$ 和 $c_0^{f_s(k,m)}$。如果所需的视场已缓存在第 r 个 DU 中，则 $c_r^{f_s(k,m)}=1$，否则 $c_r^{f_s(k,m)}=0$；如果 CU 池已缓存所需的视场，则 $c_0^{f_s(k,m)}=1$，否则 $c_0^{f_s(k,m)}=0$。为确保缓存的视场数量不大于 DU 和 CU 池的存储容量，施加以下约束：

$$\sum_{f_s(k,m) \in \Omega_r} c_r^{f_s(k,m)} \cdot \text{SIZE}_{f_s(k,m)} \leqslant C_r \tag{6-6}$$

$$\sum_{f_s(k,m) \in \Omega_r} c_0^{f_s(k,m)} \cdot \text{SIZE}_{f_s(k,m)} \leqslant C_0 \tag{6-7}$$

$$c_r^{f_s(k,m)}, c_0^{f_s(k,m)} \in \{0,1\} \tag{6-8}$$

另外，只有数据缓存在 DU 或 CU 池时，$x_{r,u}^{f_s(k,m)}$，$x_{bu}^{f_s(k,m)}$ 或 $y_{r,u}^{f_s(k,m)}$ 才能为真，即满足以下约束：

$$x_{r,u}^{f_s(k,m)} \leqslant c_r^{f_s(k,m)} \tag{6-9}$$

$$x_{b,u}^{f_s(k,m)} \leqslant c_0^{f_s(k,m)} \tag{6-10}$$

$$y_{r,u}^{f_s(k,m)} \leqslant \min\Big(\sum_{l \in R, l \neq r} c_l^{f_s(k,m)}, 1\Big) \tag{6-11}$$

再者，为确保视场合成的可用性，施加以下约束：

$$y_{b,u}^{f_s(k,m)} \leqslant \min\Big(\Big(\sum_{j=k-1, j \neq k}^{k+1} c_0^{f_s(j,m)}\Big)/2, 1\Big) \tag{6-12}$$

$$y_{b,u}^{f_s(k,m)} \leqslant \min\Big(\Big(\sum_{i=m-1, i \neq m}^{m+1} c_0^{f_s(k,i)}\Big)/2, 1\Big) \tag{6-13}$$

$$z_{b,u}^{f_s(k,m)} \leqslant \min\Big(\Big(\sum_{l \in \mathcal{R}} \sum_{j=k-1, j \neq k}^{k+1} c_l^{f_s(j,m)}\Big)/2, 1\Big) \tag{6-14}$$

$$z_{b,u}^{f_s(k,m)} \leqslant \min\Big(\Big(\sum_{l \in \mathcal{R}} \sum_{i=m-1, i \neq m}^{m+1} c_l^{f_s(k,i)}\Big)/2, 1\Big) \tag{6-15}$$

$$z_{b',u}^{f_s(k,m)} \leqslant \min\Big(\Big(c_0^{f_s(k+1,m)} + \sum_{l \in \mathcal{R}} c_l^{f_s(k-1,m)}\Big)/2, 1\Big) \tag{6-16}$$

$$z_{b',u}^{f_s(k,m)} \leqslant \min\Big(\Big(c_0^{f_s(k,m+1)} + \sum_{l \in \mathcal{R}} c_l^{f_s(k,m-1)}\Big)/2, 1\Big) \tag{6-17}$$

$$z_{b',u}^{f_s(k,m)} \leqslant \min\Big(\Big(c_0^{f_s(k-1,m)} + \sum_{l \in \mathcal{R}} c_l^{f_s(k+1,m)}\Big)/2, 1\Big) \tag{6-18}$$

$$z_{b',u}^{f_s(k,m)} \leqslant \min\Big(\Big(c_0^{f_s(k,m-1)} + \sum_{l \in \mathcal{R}} c_l^{f_s(k,m+1)}\Big)/2, 1\Big) \tag{6-19}$$

当任意用户发出视频请求时,其数据下载延时可表示为上述七种情况下载延时的总和,表示为

$$D_{u,r}^{f_s(k,m)} = D_{\text{rcache}} + D_{\text{bcache}} + D_{\text{synB}} + D_{\text{remote}} \\ + D_{r'\text{cache}} + D_{\text{synR}} + D_{\text{synBR}} \tag{6-20}$$

为了最大程度减少网络中所有用户请求视频数据的下载延时,建立如下优化问题:

$$\min_{c_r^{f_s(k,m)}, c_0^{f_s(k,m)}} \sum_{u \in \mathcal{U}} \sum_{r \in \mathcal{R}} \sum_{f_s(k,m) \in \Omega_r} D_{u,r}^{f_s(k,m)} \tag{6-21}$$

s.t.(6-3),(6-4),(6-5),(6-6),(6-7),(6-8),(6-9),(6-10),(6-11),(6-12),(6-13),(6-14),(6-15),(6-16),(6-17),(6-18),(6-19)

引理 6.1 问题(6-21)是 NP-Hard 问题。

证明:利用将原问题化简为背包(KnapsackProblem,KP)问题的方式证明问题(6-21)是 NP-Hard 的。在 KP 问题中,存在一组具有不同重量和价值的物品,以及一个容量有限的背包。KP 的目的是选择使总价值最大的可同时放入背包的物品子集。显然,如果 $C_r = 0(\forall r \in \mathcal{R})$,则 KP 问题是问题(6-21)的特例。在这种情况下,DU 不配备缓存,即 $c_r^{f_s(k,m)} = 0$,$\forall r, \forall f, \forall s, \forall k, \forall m$。每个视场可映射为 KP 问题中的一个物品,物品的重量对应于视场 $\text{SIZE}_{f_s(k,m)}$ 的大小,物品的价值对应于 $D_{\text{bcache}} + D_{\text{synB}} + D_{\text{remote}}$。由于这种简化问题可以在多项式时间内完成,因此问题(6-21)是 NP-Hard 的。

6.4 基于视场合成的视频缓存算法

由引理 6.1 可知,问题(6-21)是 NP-Hard 的,很难在多项式时间内获得最优解。为此,本节首先对理论最优解进行分析,然后提出一种基于视场合成的在线缓存算法。

6.4.1 理论最优解

假设网络具有关于所有用户请求 Ω_r^* 的先验知识。在这种情况下,问题(6-21)对应于整数线性规划问题,可以解耦为 Ω_r^* 个独立的子问题。因此,可以在 $\mathcal{O}(|\mathcal{R}||\mathcal{U}|\log(|\mathcal{R}||\mathcal{U}|))$ 时间内计算得到最优解。新问题用(6-22)表示。

$$\min_{c_r^{f_s(k,m)}, c_0^{f_s(k,m)}} \sum_{u \in \mathcal{U}} \sum_{r \in \mathcal{R}} \sum_{f_s(k,m) \in \Omega_r^*} D_{u,r}^{f_s(k,m)} \tag{6-22}$$

s.t.(6-3),(6-4),(6-5),(6-6),(6-7),(6-8),(6-9),(6-10),(6-11),(6-12),(6-13),(6-14),(6-15),(6-16),(6-17),(6-18),(6-19)

由于最优解是在假设所有用户请求均已知的条件下实现的,在此将其称为 KP-Optimal 解决方案。但由于实际情况下无法获得有关用户请求的所有先验知识,KP-Optimal 解方案仅可用作性能基准,无法用于现实场景。为此,本章提出一种基于视场合成的在线缓存算法,能够在视频请求到达 DU 时实现视场缓存的快速决策。

6.4.2 整体缓存过程

整体缓存过程如表 6-2 所示。在算法的开始阶段,首先根据请求的视场 $f_s(k,m)$ 在缓存中进行索引,如果可以从 CU 池或 DU 缓存中获取,或者可以由 MEC-Cache 服务器合成,

则相应的数据立即发送给用户。否则,系统会向 VR 视频源服务器请求该视频数据并传输给用户。同时,启动两阶段缓存决策过程:一是缓存放置阶段,在该阶段中,由于缓存容量未满,则立即缓存该数据;二是缓存替换阶段,此时缓存容量已满。在缓存替换阶段,如果视频片段是新的,即视频 f 的片段 k 中的任意视场都没有被缓存在 DU 或 CU 池中,则最不常用的数据将被替换。如果视频片段不是新的,考虑 360° VR 数据的视场合成功能,使用所提 MaxMinDistance 算法进行内容替换。

6.4.3 MaxMinDistance 算法

MaxMinDistance 算法(以下简称 MMD 算法)的基本思想是尽可能多地缓存使视场距离最小化的视频数据。在介绍 MMD 算法之前,首先给出视场距离的定义,如定义 1 所示。

定义 1 视场距离反映了两个视场之间的间隔。假设 $f_s(a,b)$ 和 $f_s(a',b')$ 是视频 f 的片段 s 中的不同的相邻缓存视场,其中 $\forall a, a' \in \mathcal{K}, \forall b, b' \in \mathcal{M}$。$f_s(a,b)$ 和 $f_s(a',b')$ 的视场距离 $d_{f_s(a',b')}^{f_s(a,b)}$ 定义如下

$$d_{f_s(a',b')}^{f_s(a,b)} = \begin{cases} |a-a'|-1, & |a-a'|<|\mathcal{K}|/2, b=b' \\ (|\mathcal{K}|-|a-a'|)-1, & |a-a'|\geqslant|\mathcal{K}|/2, b=b' \\ |b-b'|-1, & |b-b'|<|\mathcal{M}|/2, a=a' \\ (|\mathcal{M}|-|b-b'|)-1, & |b-b'|\geqslant|\mathcal{M}|/2, a=a' \\ \infty, & a\neq a', b\neq b' \end{cases} \quad (6\text{-}23)$$

显然,视频片段中任意两个缓存的视场的距离越小,则视场合成的机会越大,视频传输的延时越小。

表 6-2 整体缓存过程

Algorithm 整体缓存过程
1. **Input**:$f_s(k,m)$
2. **While** TRUE
3.   **If** $f_s(k,m)$ 已缓存 ‖ ($f_s(k,m)$ 可合成 && $t_0+t_{\text{cmp}} \leqslant t_S$)
4.   发送 $f_s(k,m)$ 到用户
5.   **Else**
6.   从视频源获取 $f_s(k,m)$ 并发送给用户
7.   **If** 缓存未满
8.   缓存 $f_s(k,m)$
9.   **Else**
10.   **If** 视频片段 s 是全新的
11.   使用 LFU 进行缓存替换
12.   **Else**
13.   使用 MaxMinDistance 方案进行缓存替换
14.   **EndIf**
15.   **EndIf**
16.   **EndIf**
17. **EndWhile**

MMD 算法如表 6-3 所示。假设已缓存在 DU 和 CU 池的二维视场数据集为 $(\mathcal{X},\mathcal{Y})$，包括 $|\mathcal{X}|\times|\mathcal{Y}|$ ($|\mathcal{X}|<|\mathcal{K}|,|\mathcal{Y}|<|\mathcal{M}|$) 个视场。$f_s(k,m)$ 是请求但尚未被缓存的视场序号。

首先，将缓存的视场数据 $f_s(x,y)(x\in\mathcal{X},y\in\mathcal{Y})$ 临时逐个替换为 $f_s(k,m)$。每次更换后，获得最大视场距离 $D_{f_s(x,y)}^{f_s(k,m)}$ 以及最大视场距离数 $N_{(x,y)}^{(k,m)}$，并把所有的 $D_{f_s(x,y)}^{f_s(k,m)}$ 和 $N_{f_s(x,y)}^{f_s(k,m)}$ 都记录在向量 D 和 N 中。其中，$D_{f_s(x,y)}^{f_s(k,m)}$ 和 $N_{(x,y)}^{(k,m)}$ 的表示方法如下：

$$D_{f_s(x,y)}^{f_s(k,m)} = \max_{\substack{\forall a,a'\in\{\mathcal{X}\setminus x,k\} \\ \forall b,b'\in\{\mathcal{Y}\setminus y,m\}}} d_{f_s(a',b')}^{f_s(a,b)} \tag{6-24}$$

然后，将 $\mathcal{D}$ 中元素的最小值及 $\mathcal{N}$ 中对应位置的元素放入矩阵 $\mathbf{D}$ 中。

最后，如果 $\mathbf{D}$ 中只有一个元素对，例如 $f_s(x,y)$，则此元素将被 $f_s(k,m)$ 代替。如果 $\mathbf{D}$ 中有两个或更多元素对，则具有最小最大视场距离数的 $f_s(x,y)$ 将被替换。

表 6-3 MaxMinDistance(MMD) 算法

Algorithm MaxMinDistance（MMD）算法

1. Input: $f_s(k,m)$, $\mathcal{X}$
2. For $\forall x,y \in \mathcal{X},\mathcal{Y}$
3. 使用 $f_s(k,m)$ 虚拟替换 $f_s(x,y)$
4. 计算 $D_{f_s(x,y)}^{f_s(k,m)}$，并将其放入 $\mathcal{D}$
5. 计算 $N_{f_s(x,y)}^{f_s(k,m)}$，并将其放入 $\mathcal{N}$
6. End For
7. For $\forall D_{f_s(x,y)}^{f_s(k,m)} \in \mathcal{D}$
8. If $D_{f_s(x,y)}^{f_s(k,m)} \leqslant D_{f_s(x',y')}^{f_s(k,m)}, x', y' \in \mathcal{X},\mathcal{Y}$
9. 将 $D_{f_s(x,y)}^{f_s(k,m)}$ 放入 $\mathbf{D}$
10. 将 $N_{f_s(x,y)}^{f_s(k,m)}$ 放入 $\mathbf{D}$
11. End If
12. End For
13. If $\mathbf{D}$ 中的元素对不唯一
14. 查找 $\mathbf{D}$ 中 $N_{f_s(x,y)}^{f_s(k,m)}$ 的最小值
15. If $N_{f_s(x,y)}^{f_s(k,m)}$ 的最小值不唯一
16. 随机选择 $D_{f_s(x,y)}^{f_s(k,m)}$
17. End If
18. End If
19. 确定 (x,y)
20. 使用 $f_s(k,m)$ 替换 $f_s(x,y)$

下面以图 6-3 为例对 MMD 算法做一简要说明。如图 6-3 所示，视频文件 f 的第 s 段被分为 6 行 18 列，请求的视场 $f_s(k,m)=fs(0,12)$ 位于第 0 行，尚未被缓存；在该行缓存了 8 个视场，缓存集合表示为 $(X,Y)=\{f_s(0,0),f_s(0,2),f_s(0,5),f_s(0,6),f_s(0,9),f_s(0,14),f_s(0,16),f_s(0,17)\}$。基于 MMD 算法，首先进行八轮虚拟替换。第一轮替换中，$f_s(0,0)$ 被 $f_s(0,12)$ 虚拟替换，可以获得 $D_{f_s(0,0)}^{f_s(0,12)}=2$ 和 $N_{f_s(0,0)}^{f_s(0,12)}=4$，意味着相邻缓存

视场之间的最大视场距离为 2,而满足最大视场距离为 2 的数量为 4。经过八轮虚拟替换后,得到集合 $\mathcal{D} = \{D_{f_s(0,0)}^{f_s(0,12)}=2, D_{f_s(0,2)}^{f_s(0,12)}=4, D_{f_s(0,5)}^{f_s(0,12)}=3, D_{f_s(0,6)}^{f_s(0,12)}=3, D_{f_s(0,9)}^{f_s(0,12)}=5,$
$D_{f_s(0,14)}^{f_s(0,12)}=3, D_{f_s(0,16)}^{f_s(0,12)}=2, D_{f_s(0,17)}^{f_s(0,12)}=2\}$ 和 $\mathcal{N}= \{N_{f_s(0,0)}^{f_s(0,12)}=4, N_{f_s(0,2)}^{f_s(0,12)}=4, N_{f_s(0,5)}^{f_s(0,12)}=1,$
$N_{f_s(0,6)}^{f_s(0,12)}=1, N_{f_s(0,9)}^{f_s(0,12)}=1, N_{f_s(0,14)}^{f_s(0,12)}=1, N_{f_s(0,16)}^{f_s(0,12)}=4, N_{f_s(0,17)}^{f_s(0,12)}=3\}$。比较集合 $\mathcal{D}$ 可知,该集合的最小值为 2,选择 $\mathcal{D}$ 中为 2 的元素和 $\mathcal{N}$ 中对应位置的元素,放入 $\boldsymbol{D}$,得到 $\boldsymbol{D} =$
$\{D_{f_s(0,0)}^{f_s(0,12)}=2, N_{f_s(0,0)}^{f_s(0,12)}=4; D_{f_s(0,16)}^{f_s(0,12)}=2, N_{f_s(0,16)}^{f_s(0,12)}=4; D_{f_s(0,17)}^{f_s(0,12)}=2, N_{f_s(0,17)}^{f_s(0,12)}=3\}$。查找 $\boldsymbol{D}$,最小元素对为 $\{D_{f_s(0,17)}^{f_s(0,12)}=2, N_{f_s(0,17)}^{f_s(0,12)}=3\}$。根据算法思想,$f_s(0,17)$ 最终由 $f_s(0,12)$ 替换。

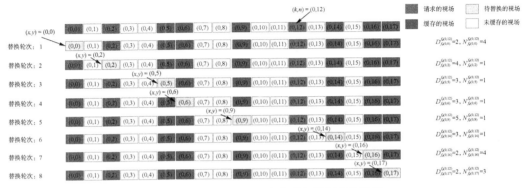

图 6-3 MaxMinDistance(MMD) 缓存方案示例

6.4.4 MMD 在线缓存算法复杂度及性能分析

对于一个请求,为计算 $D_{f_s(x,y)}^{f_s(k,m)}$ 和 $N_{f_s(x,y)}^{f_s(k,m)}$,算法需对已缓存的视场数据进行 $\mathcal{O}(|\mathcal{K}||\mathcal{M}|)$ 次搜索和 $\mathcal{O}(|\mathcal{K}||\mathcal{M}|)$ 次计算,而对于 $D_{f_s(x,y)}^{f_s(k,m)}$ 最小值的计算需要 $\mathcal{O}(|\mathcal{K}||\mathcal{M}|)$ 次迭代。此外,算法需要额外 $\mathcal{O}(2|\mathcal{R}|)$ 次搜索所需视场的参考数据。因此,MMD 在线缓存算法的时间复杂度为 $\mathcal{O}((|\mathcal{K}||\mathcal{M}|)^2 + |\mathcal{K}||\mathcal{M}| + 2|\mathcal{R}|)$。由于 $|\mathcal{R}|$、$|\mathcal{K}|$ 和 $|\mathcal{M}|$ 的值一般较小(对于常见的 360° VR 视频,$|\mathcal{K}| \leqslant 32$,$|\mathcal{M}| \leqslant 32$),该算法可以在多项式时间完成,具有很高的效率。

就空间而言,随着给定元素大小的增加,算法的空间复杂度呈线性增加。

此外,如定理 6.1 所示,MMD 在线缓存算法在保持较低复杂度的情况下,具有较高的性能。

定理 6.1 针对问题(6-21),MMD 在线缓存算法与离线 KP-Optimal 算法的近似比为 $\nabla = 2$。

证明:见附录 B。

6.5 仿 真 分 析

本节主要通过仿真模拟对 MMD 在线缓存算法进行性能评估。

6.5.1 仿真场景

t_0 和 t_S 的设置与前两章一致,分别为 5 ms 和 50 ms。考虑到 VR 视频数据量比普通视频大得多,将 DU 和 CU 池的默认缓存容量分别设置为 40 GB 和 160 GB。视频库中有 100 个 360° VR 视频文件。每个 360° VR 视频文件有 1 000 个片段,每个片段有 32×32 个视场。默认视场合成范围(d_{syn})设置为 2,即仅相邻的左(上)视场和右(下)视场可以用于合成。最高视频分辨率为 4K,最大压缩视频数据速率为 50 Mbit/s。

每个 DU 处的视频文件受欢迎程度遵循 Zipf 分布[36],其偏离参数 $\alpha=0.8$:

$$\Lambda_f = \frac{\frac{1}{f^\alpha}}{\sum_{i=1}^{|F|} \frac{1}{i^\alpha}}, \quad f=1,2,\cdots,|F| \tag{6-25}$$

本章假设用户请求片段 fs 的概率遵循马尔可夫过程[139]。而对于视场的流行度,根据已有研究,认为其遵循均匀分布[140]。此外,用户可以观看视频文件的不同版本。因而用户不同,其缓存数据量也不同。DU r 内视场合成请求服从速率 $\delta_r=10$[请求/s]的 Poisson 分布。每次仿真在 DU r 处随机生成 50 000 次视频请求,数值结果由 200 次独立仿真统计平均得到。

基本仿真参数如表 6-4 所示。

表 6-4 基本仿真参数

参数	值
用户 u 请求视频 f 的片段大小 SEG_{size}	[200,500] KB
RRH(DU)数量 $|\mathcal{R}|$	5
用户数 $|\mathcal{U}|$	[50,150]
DU 缓存容量 C_r	40 GB
CU 池缓存容量 C_0	160 GB
时隙 τ	10 s
CU 池与用户间平均延时 t_0	5 ms
视频源与用户间平均延时 t_S	50 ms
每个视频片段的视场数量	32×32
视场合成请求到达速率	$\delta_r=10$[请求/s]
视场合成范围(d_{syn})	[2,10]
最高视频分辨率	4K
最大压缩视频数据速率	50 Mbit/s

6.5.2 基线算法

本章主要将所提算法与 5 种基线算法进行性能比较,具体为:
- KP-Optimal 算法:如 6.4.1 节所述,该算法在假定拥有完整用户请求先验知识的情况下,具有最佳性能。但由于该算法成立的前提是一种理想情况,实际不可实现,因而仅作为参考算法的性能上界。

- LFU 算法[35]：LFU 算法是目前最常用的缓存算法,算法仅保留一个排序列表,该列表记录了缓存视场的使用频率。每当发生缓存未命中时,将替换列表中的最后一个元素（使用频率最低）。
- VS-LFU 算法：VS-LFU 算法是本文给出的一种对比算法。其基本思路是：当缓存未命中时,查找是否缓存了相邻视场,如果有,则通过视场合成得到用户请求视场,否则替换缓存列表中使用频率最低的视频数据。
- EVEA 算法[140]：EVEA 算法是 Lee 针对多视角 3D 视频[141-144]提出的一种启发式缓存方案。该方案基于马尔可夫决策过程实现,同时考虑了基于深度图像的渲染（Depth Image Based Rendering,DIBR）视角合成技术[141]。需要说明的是,尽管视场合成与视角合成的机理不同,但 EVEA 算法思想是可以用于 360°VR 视频的。

6.5.3 性能评估

本小节主要从平均传输等待时间、平均缓存命中率、回程流量负载和体验质量等方面进行性能评估。

(1) 平均传输等待时间[ms]：360°VR 视频内容的平均传输等待时间包括 DU 和 CU 池缓存到用户的传输延时,合成计算延时和直接从视频源服务器获取的传输延时。

(2) 平均缓存命中率（AHR）：可以使用以下定义评估缓存命中率性能。

$$\text{AHR} = \frac{1}{W} \sum_{w \in W} \frac{C_{\text{hit}} + C_{\text{syn}}}{C_{\text{req}}} \tag{6-26}$$

将 C_{hit} 定义为时间窗口 w 内的缓存命中数,将 C_{syn} 定义为窗口 w 内的合成数,C_{req} 作为窗口 w 内的请求数。AHR 越高,表明在连续 W 个长度为 w 的时间窗口内,直接从缓存中下载请求的视频段越多,从而降低了平均响应时间。

(3) 回程流量负载[GB]：用户通过回程网络从源服务器下载的视频量。

(4) 体验质量（QoE）：受 Yin[145]的启发,构建以下 QoE 模型,该模型反映了 360°VR 视频在一段时间（即 T）内用户的感知效果。

① 平均视频质量：假设 $v(\tau,u)$ 表示用户 u 在时间 τ 所请求的视场数据集合,$L_{v(\tau,u)}$ 和 $q(L_{v(\tau,u)})$ 分别表示 $v(\tau,u)$ 的比特率和质量等级,其中 $q(L_{v(\tau,u)})$ 与选定的比特率 $L_{v(\tau,u)}$ 一一对应,是一个非递减函数。用户选择的比特率越高,其感知视频质量就越高。

与传统视频系统不同,本系统用户可能收到的是合成后的视场,其质量必然低于原始视场的质量。例如,如果原始数据的 PSNR 为 42.3 dB,则当合成距离为 2、3、4 和 5 时,合成数据的 PSNR 会有轻微的线性下降,分别变为 41.9 dB、41 dB、40.7 dB 和 40.2 dB[89]。

因此,所有请求数据的平均视场质量 Q 可以表示如下：

$$Q = \frac{1}{T} \sum_{\tau=0}^{T} (q(L_{v(\tau,u)}) - \beta \cdot d_{\text{syn}} 1_{\{\text{synthesized } v(\tau,u)\}}) \tag{6-27}$$

式中,β 是由于合成引起的视场质量下降的斜率,当 x 为"真"时,$1_{\{x\}}=1$,否则 $1_{\{x\}}=0$。

② 平均质量差异（$\mathcal{V}$）：$\mathcal{V}$ 表征了相邻时间接收到的视频数据质量的变化情况。当时间 $\tau+1$ 请求的数据质量低于时间 τ 所请求的数据质量时,QoE 将降低；否则 QoE 将提高。

$$\mathcal{V} = \frac{1}{T} \sum_{\tau=0}^{T} (q(L_{v(\tau,u)}) - q(L_{v(\tau+1,u)})) \tag{6-28}$$

③重缓冲时间(T):对于每个请求的数据集,仅当下载时间长于缓冲视频的播放时间(即 P_τ)时,才发生重缓冲。用式(6-29)表示总的重缓冲时间,其中 V_τ 是 $v(\tau,u)$ 的下载数据速率。根据 $v(\tau,u)$ 的位置,V_τ 相应为 $R_{r,u}$[式(5-2)],$V_0/|\mathcal{U}|$,或 $V_S/|\mathcal{U}|$。

$$\mathcal{T}=\sum_{\tau=0}^{T}\left(\frac{\text{SIZE}_{v(\tau,u)}}{V_\tau}-P_\tau\right)_+ \quad (6\text{-}29)$$

④启动延时(T_{start}):假设 $T_{\text{start}} \ll P_{\max}$,其中 $P_{\max}$ 表示完整缓冲视频的播放时间。由于用户对上述四种参数的偏好不同,这里以上述各组成部分的加权总和来定义用户 u 的 QoE:

$$\text{QoE}_u = \mathcal{Q} - \lambda\,\mathcal{V} - \mu\,\mathcal{T} - \eta\,T_{\text{start}} \quad (6\text{-}30)$$

式中,λ、μ 和 η 分别是与视频质量变化,重缓冲时间和启动延时相对应的非负加权参数。在本系统中,权重 λ、μ 和 η 分别设置为 0.1、8 和 10,即用户对重缓冲时间和启动延时特别关注。

1. 缓存容量的影响

图 6-4、图 6-5、图 6-6 和图 6-7 分别所示为用户数 $|\mathcal{U}|=50$ 和视场合成距离为 $d_{\text{syn}}=2$ 条件下,缓存容量在 160 GB(占文件总大小的 10%)到 480 GB(占文件总大小的 30%)范围内变化时,五种算法的平均等待时间、缓存命中率、回程流量负载和 QoE 等性能。

如图 6-4 所示,所有算法的平均等待延时随着缓存容量的增加而降低。由于所提算法考虑了视场合成,当用户请求视场未缓存时,可以利用缓存的相邻视场合成得到所需视频数据,其平均等待时间比 LFU 算法降低 18%。此外,所提算法可实现缓存视场最小距离数量的最大化,能够提高视场合成概率,进一步提升了缓存效果。在最佳情况下,所提算法的平均等待时间小于 16 ms,仅比 KP-Optimal 算法多 1 ms,比 VS-LFU 算法和 EVEA 算法分别降低 14% 和 7%。

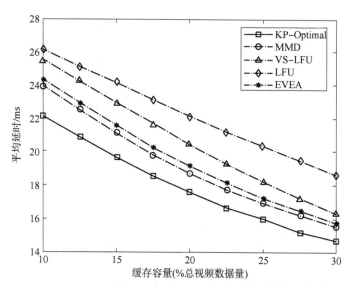

图 6-4 $|\mathcal{U}|=50$、$d_{\text{syn}}=2$ 条件下平均等待时间随缓存容量变化曲线

如图 6-5 所示,当缓存容量较小(160 GB)时,所提算法的缓存命中率几乎是传统 LFU 算法的 1.67 倍。当缓存容量增加到 480 GB 时,由于能够缓存的数据增多,所提算法与基线

对比算法的性能差距变小,但缓存命中率仍然是传统 LFU 算法的 1.4 倍,比 EVEA 算法高 5%。虽然在缓存容量为 160 GB 时,所提算法和 KP-Optimal 算法之间存在 10% 的差距,但随着缓存容量的增加,这种差距越来越小。

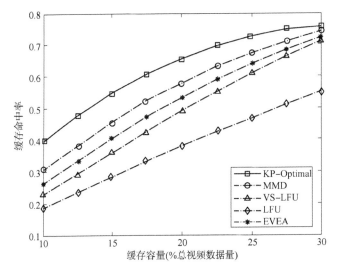

图 6-5　$|\mathcal{U}|=50$、$d_{syn}=2$ 条件下缓存命中率随缓存容量变化曲线

图 6-6 所示为所有算法的回程流量负载性能。其中 NoCache 算法代表 CU 池和 DU 均无缓存能力。可以看出:在最坏情况下,所提算法的回程流量与 NoCache 算法相比降低了 41%,比其他算法低了 24%。

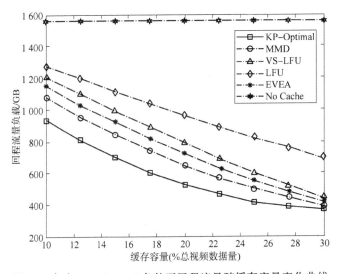

图 6-6　$|\mathcal{U}|=50$、$d_{syn}=2$ 条件下回程流量随缓存容量变化曲线

五种算法的 QoE 性能由图 6-7 给出。当缓存容量较低时,由于无法合成足够多的视场,需要从源服务器大量获取请求的数据,因而所提算法性能不是最优的。随着缓存容量的增加,所提算法的 QoE 性能大幅度增加,并很快高于其他算法。在最优情况下,所提算法的 QoE 性能比 LFU 算法的 QoE 性能高 60%。

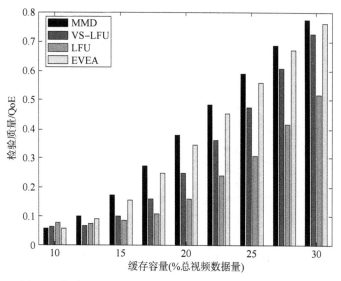

图 6-7　$|\mathcal{U}|=50$、$d_{syn}=2$ 条件下 QoE 随缓存容量变化曲线

2. 视场合成范围的影响

由于合成视场的质量取决于该视场与两个参考视场的距离,本小节固定缓存容量为 160 GB,设定视场合成范围为 [2,10],以观察视场合成范围对算法性能的影响。

从图 6-8、图 6-9、图 6-10 和图 6-11 中可以看出,除了 KP-Optimal 算法之外,视场合成范围越大,所提算法的优势就越明显。对于 KP-Optimal 算法,随着视场合成范围的增加,几乎所有必需的视场数据都可以被缓存,因此 KP-Optimal 算法与所提算法的性能差距越来越大。此外,当视场合成范围增加时,虽然平均视频质量会下降,但重缓冲时间和启动延时也急剧下降。因此,从图 6-11 中可以看出,随着视场合成范围的增加,QoE 仍在增加,在所有对比方案中,所提算法的性能都是最优的。

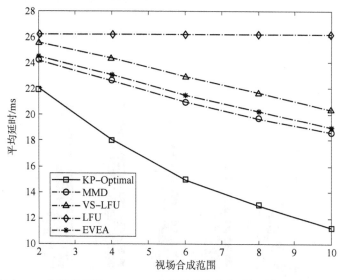

图 6-8　$|\mathcal{U}|=50$、总缓存容量=160 GB 条件下平均等待时间随视场合成范围变化曲线

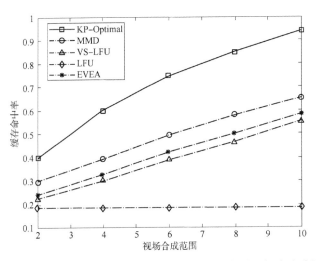

图 6-9 $|\mathcal{U}|=50$、总缓存容量＝160 GB 条件下缓存命中率随视场合成范围变化曲线

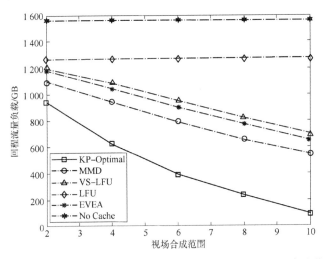

图 6-10 $|\mathcal{U}|=50$、总缓存容量＝160 GB 条件下回程流量负载随视场合成范围变化曲线

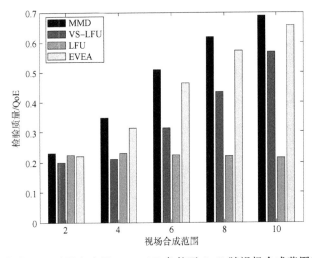

图 6-11 $|\mathcal{U}|=50$、总缓存容量＝160 GB 条件下 QoE 随视场合成范围变化曲线

6.6 本章小结

本章开展了 NG-RAN 框架下的 360°VR 视频缓存优化研究。面向减少 VR 服务的下载延时和回程流量负载,提出了一个 ILP 问题,证明了问题的 NP-Hard 特性,并给出了理论最优解。考虑到工程应用,提出了基于"最小距离数最大化"的在线缓存方案,所提方案不仅利用了 NG-RAN 缓存结构的分层与合作特性,还考虑了 360°VR 视频的视场合成特性,以及 NG-RAN 的计算处理能力。本章还理论推导了所提算法与最优算法的近似比,分析了算法的时间复杂度和空间复杂度,最后仿真分析了算法性能。仿真证明,相比其他常用缓存算法,所提算法在平均等待时间、缓存命中率、回程流量负载和 QoE 等方面始终具有更好的性能。

第7章　侧链路辅助的多质量贴片360°VR视频无线多播

7.1　引　言

如第6章所述,沉浸式全景(360°)VR视频是先进VR技术和快速视频处理硬件相融合的一种重要媒体形式,可以为用户提供360°的立体视场。但是,交付完整的360° VR视频对无线网络的传输能力提出了很大挑战。尽管学术界提出了FoV流传输方案,即不发送全景视频流数据,而仅发送用户FoV流来减少带宽消耗。但由于用户运动估计的不准确性,会造成"黑边"等问题,影响用户体验。为此,研究人员又提出了自适应FoV传输方案。在自适应方案中,FoV数据在空间上被细分为多个更小的贴片,每个贴片可编码成质量不同的多个版本[146-149]。通过以高分辨率发送用户FoV视场中心区域的贴片,而以低分辨率发送其他区域贴片,在避免"黑边"问题的同时,也进一步降低了带宽消耗[150]。第6章提出的基于NG-RAN的360° VR视频传输架构,通过设计基于视场合成特性的360° VR视频边缘缓存算法,有效降低了网络负载和数据下载传输等待延时。但是,在某些用户密集的VR场景中,如大型赛场、开放式VR游戏厅、VR家庭影院等场景,由于地理区域较小、多个用户均在一个基站(或RRH)的服务范围内,当这些佩戴独立头戴式设备(Head Mounted Device,HMD)的多个用户同时请求相同的内容时,如果为每个用户单独提供链路进行单播数据传输,其并发数据量仍然比传统视频大得多[151],对无线通信网络的负担仍然较大。

为此,可以采用无线多播技术进一步降低多质量贴片360° VR视频的带宽需求。无线多播是一种利用无线信号传播空间的开放性,从一个数据源向多个目标用户发送相同数据的技术,能够有效缓解网络资源的高消耗问题[93,94,104,108,152,153]。但是,传统多播容量受处于较差信道条件用户的限制。此外,当基站天线固定而用户数量不断增加时,多播增益会消失。为了克服此问题,D2D通信可以用作改善多播性能的辅助手段。长期演进(Long Term Evolution,LTE)中的D2D通信技术是由第三代合作伙伴计划(The 3rd Generation Partnership Project,3GPP)引入的,用于邻近设备之间直接相互通信。由于数据不需要接入网甚至核心网的中转,D2D通信可以在减轻基站负担的同时减少传输延时。为了支持LTE D2D,3GPP定义了PC5接口,即接入层用户设备(User Equipment,UE)之间的新直接链接,称为"侧链路(Sidelink)"。UE可以在相互邻近时利用侧链路交换信息。作为蜂窝网络基础的新范式,侧链路通信已经标准化,可以增强蜂窝网络的性能并支持车辆无线通信(Vehicle to Everything,V2X)。目前,已有一些研究提出了D2D/侧链路辅助的增强型多播方案,通过借助移动中继多播能够显著提高系统吞吐量[87,154]、减少冗余流量[155],同时保证交付的及时性[156,157]。但是,这些方案并没有考虑360°VR视频的特点;例如,位于FoV中心位置的贴片更受用户关注,其交付质量应该更高;其他位置的贴片则可以以相对低的质量交付。另外,FoV中各个相邻贴片的质量差异不能过大[104]。否则会降低用户观看体验。

基于上述讨论,本章开展侧链路辅助的多质量贴片360°VR视频无线多播优化技术研究。与现有研究工作不同,提出的无线多播解决方案既实现了传统多播与侧链路通信的结合,又考虑了VR视频的混合质量和贴片平滑度等特性,具体为:

- 针对传统多播受限于差信道质量用户的问题,设计了侧链路辅助的两时隙流水线多播方案。
- 针对侧链路转发方式对用户公平性和系统复杂度的影响,提出独立解码和联合解码两种场景,构建了针对两种场景的效用模型。
- 针对相邻视频贴片质量差异和视频贴片流行度对用户体验质量的影响,多播优化方案考虑了视频贴片平滑度和权重,降低了无线信道时变特性可能带来的视频图像质量剧烈变化,能够提升VR用户的观看体验质量。
- 针对原始问题无法在多项式时间内完成求解的问题,提出了基于贪婪搜索和连续松弛的两阶段多播优化算法,实现了多播用户数和侧链路发送用户选择、带宽资源分配以及接收视频贴片质量等级的联合优化。

本章内容安排如下。7.2节介绍了系统模型。7.3节分析了侧链路用户独立解码和联合解码两种场景,并分别就体验质量最大化进行问题建模。7.4节给出了两阶段优化算法,并讨论了问题复杂度。7.5节对算法性能进行了仿真评估。最后,7.6节对本章进行了总结。

本章的重要符号汇总如表7-1所示。

表7-1 符号表示

符号	描述
b	所有贴片质量等级的最大编码率
$\mathcal{G}, \vert\mathcal{G}\vert, g$	用户组集合,最大组数,第g组
$\mathcal{L}, L, l$	质量等级集合,最高质量等级,第l级质量
$M, N, (m, n)$	每行和列的贴片数,视频文件的第(m,n)个贴片,$1 \leqslant m \leqslant M, 1 \leqslant n \leqslant N$
$\mathcal{U}, \vert\mathcal{U}\vert, u$	总的用户集合,用户数,用户索引
$\mathcal{U}_g, \vert\mathcal{U}_g\vert$	第g组的用户集合,第g组的用户数
$\mathcal{J}_g, \vert\mathcal{J}_g\vert, j_g$	U_g的侧链路接收用户集合,J_g的侧链路接收用户数,侧链路接收者索引
$\mathcal{K}_g, \vert\mathcal{K}_g\vert, k_g$	U_g中的多播用户集合,K_g中的多播用户数,选择的多播发送者
$B^{\mathrm{DL}}, B_g^{\mathrm{DL}}$	BS下行链路带宽,为用户组g分配的下行带宽
$B^{\mathrm{SL}}, B_g^{\mathrm{SL}}$	侧链路带宽,为用户组g分配的侧链路带宽
$C_g^{\mathrm{DL}}, C_g^{\mathrm{SL}}$	用户组g的多播和侧链路信道容量
$P_{\mathrm{BS}}, P_{\mathrm{U}}$	BS和用户发射功率
$W_{m,n}^{\mathrm{global}}, W_{m,n}^{\mathrm{FoV}}, W_{m,n}$	第(m,n)个贴片的长期权重、短期(FoV)权重和总权重
Δ	相邻贴片质量差异
Φ, Φ_g	发送给所有用户组的贴片集合,发送给用户组g的贴片集合

7.2 系统模型

系统架构如图 7-1 所示,主要由 360° VR 视频服务器、BS 和若干个关联用户组成。需要说明的是,本章只考虑单小区覆盖下的优化问题,此处的 BS 既可以是传统的蜂窝基站,也可以是 NG-RAN 中 BBU 池和某个 DU+RRH 的组合。与普通移动多媒体流传输类似,360° VR 视频服务器通过高速有线链路连接到 BS。360° VR 视频帧被划分为 $M \times N$ 个较小的、大小相同的非重叠矩形贴片网格,其中 M 和 N 分别代表网格每行和每列贴片的数量。第 (m,n) $(1 \leqslant m \leqslant M, 1 \leqslant n \leqslant N)$ 个贴片指该贴片位于视频帧的第 m 行和第 n 列。每个 BS 配备一个发射天线,为其覆盖范围内佩戴 HMD 的多个用户 $\mathcal{U} \triangleq \{1, 2, \cdots, u, \cdots, |\mathcal{U}|\}$ 提供不同质量的 VR 视频贴片。请求相同视频贴片的用户被分配在同一组 g 中,最多有 $|\mathcal{G}|$ 个组,其中 $|\mathcal{G}| \leqslant \min(|\mathcal{U}|, M \times N), 1 \leqslant i \leqslant |\mathcal{U}|$。设 $|\mathcal{G}| \leqslant \min(|\mathcal{U}|, M \times N), 1 \leqslant i \leqslant |\mathcal{U}|, \mathcal{U}_g \subseteq \mathcal{U}$ 和 $|\mathcal{U}_g|$ 分别表示用户组集合、用户组 g 和用户组 g 中的用户数。当某视频贴片只被一个用户请求时,无法使用侧链路,因而这种只有一个用户的特殊多播组(即 $|\mathcal{U}_g|=1$)不在本章讨论的范围内。

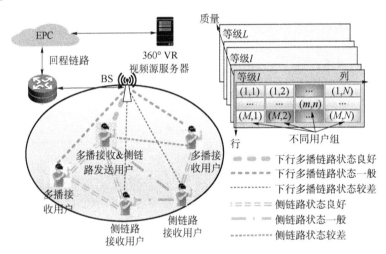

图 7-1 侧链路辅助的 360°多贴片 VR 视频多播系统示意图

用 Φ 和 Φ_g 分别表示所有用户组传输的贴片集合和传输给用户组 g 的贴片索引集。显然,Φ 是 Φ_g 的并集,可以定义为 $\Phi \triangleq \bigcup\limits_{g \in \mathcal{G}} \Phi_g$。

BS 发送给每组的视频贴片采用较高的调制编码方式,有些用户可以通过下行多播链路正确接收数据并解码,有些用户由于信道质量差而无法正确接收并解码[158,159]。假设包含 $|\mathcal{K}_g|$ 个用户的子集 $\mathcal{K}_g$ 可以通过下行多播链路成功接收和解码 VR 视频贴片,而含有 $|\mathcal{J}_g|$ 个用户的子集 $\mathcal{J}_g$ 不能通过多播链路正确接收,只能在 $\mathcal{K}_g$ 中特定用户(称为侧链路发送用户)的辅助下正确接收并解码。显然,$\mathcal{K}_g \cup \mathcal{J}_g = \mathcal{U}_g, \mathcal{K}_g \cap \mathcal{J}_g = \varnothing, |\mathcal{J}_g| = |\mathcal{U}_g| - |\mathcal{K}_g|$。

7.2.1 传输模型

系统采用两时隙流水线方案[156,157,160,161]进行数据传输。

时隙 1:BS 通过多播方式为各组用户传送视频贴片。

时隙 2:为每组选择一个侧链路发送用户进行侧链路联合传输。系统假设下行多播链路和侧链路的频率完全正交,BS 可以在时隙 2 中并行传输新的视频贴片。与此同时,侧链路发送用户对新的视频贴片进行接收。假设短时间内信道状态没有急剧变化,即在数学上可以认为两次传输是同时进行的,不需要考虑前后关系。

进一步地,从获取视频等级、用户公平性和系统复杂度等方面考虑,提出两种数据转发场景,具体描述如下。

1. 独立解码场景(以下简称 InD 场景)

InD 场景如图 7-2 所示,图 7-2(a)和图 7-2(b)分别展示了 BS、侧链路发送用户、侧链路接收用户之间的数据处理逻辑关系和时间调度关系。侧链路发送用户主要完成数据接收、解码、转码(如果需要)和转发等工作。需要说明的是,当侧链路发送用户和侧链路接收用户间的无线信道条件比 BS 和多播接收用户间的无线信道条件差时,侧链路发送用户必须进行转码。考虑到 VR 业务的延时敏感特性,系统无法采用传统的非实时视频转码方法(如基于 FFmpeg 的转码方法[162]),而需要更具实时处理能力的转码系统(如超高分辨率 VR 视频转码系统[163])。

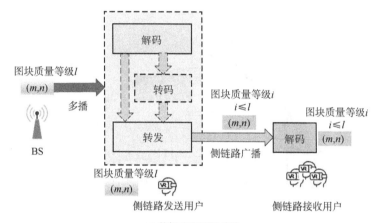

(a) 数据处理逻辑关系

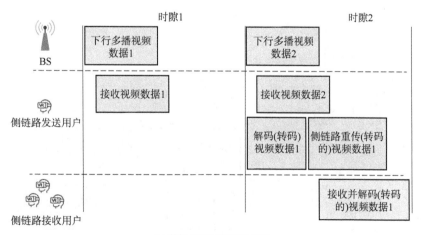

(b) 数据处理时间调度关系

图 7-2 InD 场景示意图

鉴于未来 HMD 计算能力的大幅度增强,在 HMD 上实时转码是可行的。因而,$\mathcal{J}_g$ 用户通过侧链路接收的贴片可能是 BS 下发的相同质量版本,也可能是贴片的降质量版本。用 $x_{m,n}$ 和 $y_{m,n}$ 分别表示 BS 发送的贴片质量等级和侧链路发送用户发送的贴片质量等级,有

$$x_{m,n} \geqslant y_{m,n}, x_{m,n} \in \mathcal{L}, y_{m,n} \in \mathcal{L}, (m,n) \in \Phi \tag{7-1}$$

式中,$\mathcal{L} \triangleq \{1, 2, \cdots, l, \cdots, L\}$ 表示所有贴片质量集。用户信道越差、传输资源越少,可正确接收的贴片质量等级越低。在最低条件下,用户能够接收的贴片质量等级为"1"。

2. 联合解码场景(以下简称为 JnD 场景)

在 InD 场景中,可能出现多播用户和侧链路用户接收视频质量不一致的情况,影响组内用户的公平性。为提升接收视频质量,保证用户公平性,提出基于侧链路发送用户与侧链路接收用户联合解码的 JnD 场景,如图 7-3 所示。具体做法为:首先,侧链路发送用户对贴片进行解码;然后,为解码后的数据附加增量冗余;接着,二次编码并向侧链路用户 $\mathcal{J}_g$ 广播发送。$\mathcal{J}_g$ 中的用户同时接收来自下行多播链路和侧链路的两个信号并对其进行联合解码。这种联合编码的思想,增加了信号处理复杂度,但可以保证侧链路用户有较高的视频贴片接收质量(与 BS 多播传送的贴片质量等级相同),提升了用户公平性。JnD 场景下用户接收的视频贴片质量等级用 $z_{m,n}$ 表示:

$$z_{m,n} \in \mathcal{L}, (m,n) \in \Phi \tag{7-2}$$

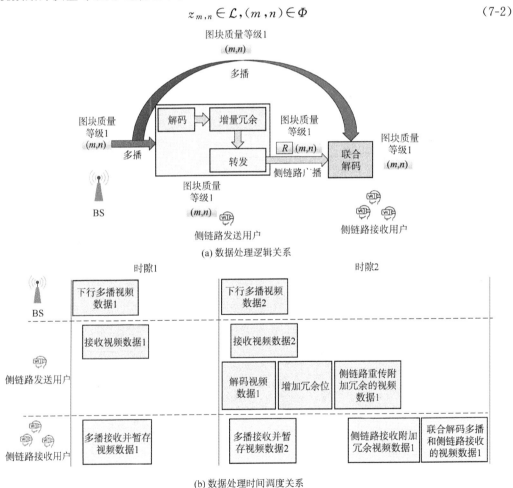

图 7-3 JnD 场景示意图

7.2.2 信道容量模型

假设 B^{DL} 和 B_g^{DL} 分别表示 BS 下行多播链路的总带宽和分配给用户组 g 的带宽。所有用户组共享总带宽 B^{DL},有

$$\sum_{g \in G} B_g^{\mathrm{DL}} = B^{\mathrm{DL}}, B_g^{\mathrm{DL}} > 0 \tag{7-3}$$

设 B^{SL} 和 B_g^{SL} 分别是侧链路的总带宽和为用户组 g 分配的带宽,与式(7-3)类似,有

$$\sum_{g \in G} B_g^{\mathrm{SL}} = B^{\mathrm{SL}}, B_g^{\mathrm{SL}} > 0 \tag{7-4}$$

此外,用户 u 接收 x ($x=\{\mathrm{BS}, u'\}$,代表 BS 或用户 u' ($u' \neq u, u' \in \mathcal{U}$))的信号功率可以表示为

$$P(x,u) = P_x + G_x + G_U - P_L(x,u) - P_{\mathrm{LS}} - P_{\mathrm{LR}} \tag{7-5}$$

式中,G_x 和 P_x 分别表示发射天线增益和发射功率。不失一般性,假设所有用户都具有相同的天线增益和发射功率。P_{LS} 和 P_{LR} 分别表示服从对数正态分布的大尺度衰落和复高斯分布的小尺度衰落。$P_L(x,u) = 32.4 + 20\lg(f^x)(\mathrm{GHz}) + 20\lg(d_{x,u})(\mathrm{m})$ 表示 BS 到用户 $u \in \mathcal{U}$ 的自由空间传播损耗,f^x 和 $d_{x,u}$ 表示 x 的中心频率以及 x 和 u 之间的距离。

需要说明的是,本章模型假设多播链路和侧链路使用不同的频段,其链路间的干扰可以忽略不计。

1. 下行多播信道容量

设 $\mathrm{SINR}^{\mathrm{DL}}(B_g^{\mathrm{DL}}, k_g)$ 为 BS 与多播接收用户 k_g 的平均信噪比,表示为

$$\mathrm{SINR}^{\mathrm{DL}}(B_g^{\mathrm{DL}}, k_g) = \frac{P(\mathrm{BS}, k_g)}{N_0 B_g^{\mathrm{DL}} + \sum_{u' \in U/k_g} P(u', k_g)} \tag{7-6}$$

式中,N_0 是高斯白噪声的单边功率谱密度,$P(\mathrm{BS}, k_g)$ 和 $P(u', k_g)$ 分别表示是 k_g 接收 BS 和 u' 的信号功率。

根据香农公式,BS 和 k_g 之间的下行多播链路信道容量由式(7-7)给出:

$$C^{\mathrm{DL}}(B_g^{\mathrm{DL}}, k_g) = B_g^{\mathrm{DL}} \log_2(1 + \mathrm{SINR}^{\mathrm{DL}}(B_g^{\mathrm{DL}}, k_g)) \tag{7-7}$$

由于受信道条件差的用户限制,BS 和用户组 g 之间的下行多播链路信道容量 C_g^{DL} 可以描述如下:

$$C_g^{\mathrm{DL}} = \min_{k_g \in K_g} C^{\mathrm{DL}}(B_g^{\mathrm{DL}}, k_g) \tag{7-8}$$

2. 侧链路信道容量

基于相同的思路,用户 k_g 与 j_g 之间的信道容量用 $C^{\mathrm{SL}}(B_g^{\mathrm{SL}}, k_g, j_g)$ 表示:

$$C^{\mathrm{SL}}(B_g^{\mathrm{SL}}, k_g, j_g) = B_g^{\mathrm{SL}} \log_2(1 + \mathrm{SINR}^{\mathrm{SL}}(B_g^{\mathrm{SL}}, k_g, j_g)) \tag{7-9}$$

式中,$\mathrm{SINR}^{\mathrm{SL}}(B_g^{\mathrm{SL}}, k_g, j_g)$ 表示用户 k_g 与 j_g 在侧链路的平均信噪比,其定义如下:

$$\mathrm{SINR}^{\mathrm{SL}}(B_g^{\mathrm{SL}}, k_g, j_g) = \frac{P(k_g, j_g)}{N_0 B_g^{\mathrm{SL}} + \sum_{u' \in U/k_g, j_g} P(u', j_g)} \tag{7-10}$$

式中,$P(k_g, j_g)$ 和 $P(u', j_g)$ 分别表示是 j_g 接收 k_g 和 u' 的信号功率。

相应地,用户组 g 中的侧链路信道容量 C_g^{SL} 受限 $\min_{j_g \in J_g} C^{\mathrm{SL}}(B_g^{\mathrm{SL}}, k_g, j_g)$ 中的最优信道条件,可以写成

$$C_g^{\mathrm{SL}} = \max_{k_g \in K_g} \min_{j_g \in J_g} C^{\mathrm{SL}}(B_g^{\mathrm{SL}}, k_g, j_g) \tag{7-11}$$

7.2.3 多质量贴片 360° VR 视频模型

为了维持较高的用户 QoE，任意两个相邻的贴片应具有相似的质量等级，避免由于 FoV 范围内贴片质量差异过大引起用户 QoE 的下降。受 Cui 教授团队研究成果启发[93,104]，本模型引入贴片空间平滑度的概念。另外，考虑到视频贴片的流行度差异，引入贴片权重的概念。

为简化复杂度，假定 FoV 始终包含完整数量的视频贴片[164]。

1. 贴片空间平滑度

假设两个相邻贴片间的质量差异由参数 $\Delta \in \mathcal{L} \cup \{0\}$ 界定[153]。由于完整的 360° VR 视频帧实际是个闭合图像，即贴片的第一列与最后一列相邻，第一行与最后一行相邻，因此有

$$|x_{m,n} - x_{m,(n+1)\bmod N}| \leq \Delta, (m,n) \in \Phi, (m,(n+1)\bmod N) \in \Phi \quad (7\text{-}12)$$

$$|x_{m,n} - x_{(m+1)\bmod M,n}| \leq \Delta, (m,n) \in \Phi, ((m+1)\bmod M, n) \in \Phi \quad (7\text{-}13)$$

$$|y_{m,n} - y_{m,(n+1)\bmod N}| \leq \Delta, (m,n) \in \Phi, (m,(n+1)\bmod N) \in \Phi \quad (7\text{-}14)$$

$$|y_{m,n} - y_{(m+1)\bmod M,n}| \leq \Delta, (m,n) \in \Phi, ((m+1)\bmod M, n) \in \Phi \quad (7\text{-}15)$$

$$|z_{m,n} - z_{m,(n+1)\bmod N}| \leq \Delta, (m,n) \in \Phi, (m,(n+1)\bmod N) \in \Phi \quad (7\text{-}16)$$

$$|z_{m,n} - z_{(m+1)\bmod M,n}| \leq \Delta, (m,n) \in \Phi, ((m+1)\bmod M, n) \in \Phi \quad (7\text{-}17)$$

2. 贴片权重

贴片权重反映了用户对 FoV 区域中各个贴片的关注程度，显然，越受用户关注的贴片，其权重值应该越高，其发送质量等级也应该越高。

在本模型中，贴片的权重由两部分组成。一方面，从长期来看，请求该贴片的用户越多，其权重就越大。在此，用 $W_{m,n}^{\text{global}}$ 表示第 (m,n) 个贴片的长期权重，设为遵循 $\mathcal{N}(0,1)$ 正态分布[164]。不失一般性，假设不同视频帧的 (m,n) 贴片具有不同的权重。另一方面，从短期来看，对于用户当前 FoV 中的贴片，应根据其在 FoV 中的空间位置[165-167]设置权重：贴片越靠近 FoV 中心区域，其权重越高。用 $W_{m,n}^{\text{FoV}}$ 表示第 (m,n) 个贴片的短期权重。需要注意的是，针对某一贴片，用户的偏好并不相同，而且，该贴片在不同用户 FoV 中的位置也不相同（可能居中，也可能位于边缘）。因此，将贴片的总权重 $W_{m,n}$ 定义为 $W_{m,n}^{\text{global}}$ 和 $W_{m,n}^{\text{FoV}}$ 的乘积，如式(7-18)所示

$$W_{m,n} = W_{m,n}^{\text{global}} \cdot W_{m,n}^{\text{FoV}} \quad (7\text{-}18)$$

7.2.4 效用模型

目前，比较常用的量化视频体验质量 QoE 的指标是对数律效用函数 Q，其定义为[168-171]：

$$Q = \alpha \log\left(\frac{\beta r_i}{r}\right) \quad (7\text{-}19)$$

式中，r_i 和 r 分别表示实际视频数据速率和请求(最大)视频速率。参数 α 和 β 是正值常数系数，用于归一化效用函数 Q，使之保持在 0 到 1 之间。α 和 β 在不同应用中的具体数值可以根据经验确定。

类似地，由于相同编码条件下的贴片质量等级与视频数据速率成正比[168-171]，本章提

出基于视频贴片质量等级的 VR 视频观看体验质量效用模型。对于任意用户组,其在 InD 场景和 JnD 场景的效用模型可以分别用 Υ_{ind} 和 Υ_{jnd} 表示:

$$\Upsilon_{\text{ind}}(m,n,g) = W_{m,n} \cdot \alpha \log\left(\beta \frac{|\mathcal{K}_g|x_{m,n} + (|\mathcal{U}_g| - |\mathcal{K}_g|)y_{m,n}}{|\mathcal{U}_g|L}\right) \quad (7\text{-}20)$$

$$\Upsilon_{\text{jnd}}(m,n,g) = W_{m,n} \cdot \alpha \log\left(\beta \frac{z_{m,n}}{L}\right) \quad (7\text{-}21)$$

式中,$|\mathcal{K}_g|x_{m,n}$ 表示用户组 g 中多播用户获得的总质量等级,$(|\mathcal{U}_g| - |\mathcal{K}_g|)y_{m,n}$ 表示用户组 g 中侧链路用户获得的总质量等级,$|\mathcal{U}_g|L$ 表示用户组 g 所有用户可请求的最大视频总质量等级。

7.3 问题建模

本章旨在通过设计有效的多播方案实现所有用户组总效应函数的最大化。具体而言,通过优化视频贴片质量等级($x_{m,n}$,$y_{m,n}$ 和 $z_{m,n}$),多播接收用户数 $|\mathcal{K}_g|$(等同于确定多播接收条件最差的用户 $k_{g,\min}$),侧链路发送用户 k_g^*,以及传输资源 B_g^{DL} 和 B_g^{SL},有效提升用户体验质量。

由于 InD 场景和 JnD 场景的传输、解码方式有差异,其问题建模也有所差别,下面分别进行具体描述。

7.3.1 InD 场景的问题表述

针对 InD 场景,问题可数学建模为

$$\max_{\substack{\{x_{m,n}\},\{y_{m,n}\},\{|\mathcal{K}_g|\},\\ \{k_g^*\},\{B_g^{\text{DL}}\},\{B_g^{\text{SL}}\}}} P_{\text{ind}} = \frac{1}{|\mathcal{G}|}\sum_{g \in \mathcal{G}}\sum_{(m,n) \in \Phi_g} \Upsilon_{\text{ind}}(m,n,g) \quad (7\text{-}22\text{a})$$

$$\text{s.t. } b\sum_{(m,n) \in \Phi_g} x_{m,n} \leqslant C_g^{\text{DL}}, \forall g \in \mathcal{G} \quad (7\text{-}22\text{b})$$

$$b\sum_{(m,n) \in \Phi_g} y_{m,n} \leqslant C_g^{\text{SL}}, \forall g \in \mathcal{G} \quad (7\text{-}22\text{c})$$

$$(7\text{-}1)、(7\text{-}3)、(7\text{-}4)、(7\text{-}12)、(7\text{-}13)、(7\text{-}14)、(7\text{-}15) \quad (7\text{-}22\text{d})$$

式中,b 表示所有贴片质量等级的最大编码率。

问题(7-22a)的约束阐述如下:约束(7-22b)和(7-22c)分别表示某一用户组请求的贴片总数不大于下行多播链路和侧链路的信道容量;约束(7-1)用于保证 BS 发送的贴片质量等级不低于侧链路发送用户发送的贴片质量等级;约束(7-3)和(7-4)确保所有组共享下行多播链路和侧链路的带宽;约束(7-12)、(7-13)、(7-14)和(7-15)用于保证相邻贴片的平滑度。

7.3.2 JnD 场景的问题表述

对于 JnD 场景,问题可数学建模为

$$\max_{\substack{\{z_{m,n}\},\{|\mathcal{K}_g|\},\\ \{k_g^*\},\{B_g^{\text{DL}}\},\{B_g^{\text{SL}}\}}} P_{\text{jnd}} = \frac{1}{|\mathcal{G}|}\sum_{g \in \mathcal{G}}\sum_{(m,n) \in \Phi_g} \Upsilon_{\text{jnd}}(m,n,g) \quad (7\text{-}23\text{a})$$

$$\text{s.t. } b\sum_{(m,n) \in \Phi_g} z_{m,n} \leqslant C_g^{\text{jnd}}, \forall g \in \mathcal{G} \quad (7\text{-}23\text{b})$$

$$(7-2)、(7-3)、(7-4)、(7-16)、(7-17) \tag{7-23c}$$

式中，C_g^{ind} 具体表示为

$$C_g^{\text{ind}} = \min\{C_g^{\text{DL}}, C^{\text{DL}}(B_g^{\text{DL}}, j_g) + C_g^{\text{SL}}\} \tag{7-24}$$

这意味着一个用户组获得贴片的总数据量不应超过该组多播容量 C^{DL}，也不能超过无线信道最差用户的侧链路信道容量和下行多播链路容量之和 $C^{\text{DL}}(j_g) + C_g^{\text{SL}}$。

7.3.3 问题求解

问题(7-22a)和问题(7-23a)都是混合整数非线性规划（Mixed Integer Non-Linear Programming，MINLP）问题，一般很难获得最优解，但可以利用连续松弛等方式将原问题变换为凸问题，从而获得次优解。

显然，问题(7-22a)和问题(7-23a)中的 $x_{m,n}$，$y_{m,n}$ 和 $z_{m,n}$ 可以放缩为连续变量，即约束(7-1)和(7-2)可以转换为

$$x_{m,n} \geqslant y_{m,n}, x_{m,n} \in [1, L], y_{m,n} \in [1, L], (m,n) \in \Phi \tag{7-25}$$

$$z_{m,n} \in [1, L], (m,n) \in \Phi \tag{7-26}$$

但是，针对离散变量 k_g^* 和 $|\mathcal{K}_g|$，由于两者与带宽分配、所选贴片质量等级直接相关，很难用常规方法进行连续松弛。在这种情况下，一种直观的求解方法是穷举搜索，即找到所有 k_g^* 和 $\mathcal{K}_g$ 组合相对应的最大效用值。当 k_g^* 和 $\mathcal{K}_g$ 固定时，原始问题简化为标准凸问题，可通过许多流行的优化工具箱进行求解。

命题 7.1 问题(7-22a)使用穷举搜索方法的计算复杂度为 $\mathcal{O}(|U|^{|\mathcal{G}|}(Q^2R^{2.5}+R^{3.5}))$，其中 $Q=2(MN+|\mathcal{G}|)$，$R=7MN+2|\mathcal{G}|$。

证明：当多播接收用户 k_g 和多播组用户数 $\mathcal{K}_g$ 固定时，问题(7-22a)和(7-23a)简化为标准凸问题。考虑到渐近计算复杂度较低，选择目前流行的优化工具箱 SeDuMi 优化求解器进行求解。研究表明，SeDuMi 优化求解器的计算复杂度为 $\mathcal{O}(Q^2R^{2.5}+R^{3.5})$，其中 Q 和 R 分别代表决策变量和线性矩阵不等式（Linear Matrix Inequality，LMI）[172]。

显然，在问题(7-22a)中，决策变量包含 MN 个 $\{x_{m,n}\}$ 和 $\{y_{m,n}\}$，以及 $|\mathcal{G}|$ 个 $\{B_g^{\text{DL}}\}$ 和 $\{B_g^{\text{SL}}\}$，即有 $Q=2(MN+|\mathcal{G}|)$。另外，注意到式(7-22b)、式(7-22c)、式(7-1)、式(7-3)、式(7-4)、式(7-12)、式(7-13)、式(7-14)以及式(7-15)均为 LMI，则有 $R=7MN+2|\mathcal{G}|$。由于任意用户组 $\mathcal{U}_g$ 的 k_g^* 和 $\mathcal{K}_g$ 有 $|\mathcal{U}_g|-1$ 种可能选择，因而，所有组合共需要 $\prod_{g\in\mathcal{G}}(|\mathcal{U}_g|-1)$ 次优化，以获得最优解。考虑到 $|\mathcal{U}_g| \leqslant |U|$，穷举搜索方法的计算复杂度为 $\mathcal{O}(|U|^{|\mathcal{G}|}(Q^2R^{2.5}+R^{3.5}))$，其中 $Q=2(MN+|\mathcal{G}|)$，$R=7MN+2|\mathcal{G}|$。

命题 7.2 问题(7-23a)使用穷举搜索方法的计算复杂度为 $\mathcal{O}(|U|^{|\mathcal{G}|}(Q^2R^{2.5}+R^{3.5}))$，其中 $Q=MN+2|\mathcal{G}|$，$R=3MN+2|\mathcal{G}|$。

证明：与命题 7.1 相似，在问题(7-23a)中，有 MN 个 $\{x_{m,n}\}$，$|\mathcal{G}|$ 个 $\{B_g^{\text{DL}}\}$ 和 $\{B_g^{\text{SL}}\}$ 决策变量，即有 $Q=MN+2|\mathcal{G}|$。另外，注意到式(7-23b)、式(7-3)、式(7-4)、式(7-16)以及式(7-17)均为 LMI，则有 $R=3MN+2|\mathcal{G}|$。

对于所有组合，仍然需要 $\prod_{g\in\mathcal{G}}(|\mathcal{U}_g|-1)$ 次迭代优化，以获得最优解。因而，其穷举搜索方法的计算复杂度为 $\mathcal{O}(|U|^{|\mathcal{G}|}(Q^2R^{2.5}+R^{3.5}))$，其中 $Q=MN+2|\mathcal{G}|$，$R=3MN+2|\mathcal{G}|$。

如命题 7.1 和命题 7.2 所示,穷举搜索方法是一种耗时较大的实现方法,随着用户数量(多播组 $|\mathcal{G}|$ 数量)的增加,难以在多项式时间内找到最优解。为此,7.4 节提出一种具有较低计算复杂度的两阶段优化算法。

7.4 两阶段优化算法

由于问题 (7-22a) 和 (7-23a) 具有相同的结构,其求解算法思路是一致的。因而,本节重点对问题 (7-22a)(InD 场景)的两阶段优化算法进行讨论(见 7.4.1、7.4.2 和 7.4.3 小节),问题 (7-23a)(JnD 场景)求解过程的差异性在 7.4.4 小节说明。

两阶段优化算法的整体过程描述如下:在算法的第一阶段,固定带宽分配,通过多播接收用户和侧链路发送用户搜索算法找到准最佳 k_g^* 和 $|\mathcal{K}_g|$。在第二阶段,基于第一阶段求得的 k_g^* 和 $|\mathcal{K}_g|$,得到带宽分配和贴片质量等级选择方案。考虑到每组分配带宽的变化可能会导致多播下行链路速率和侧链路速率也随之发生变化,进而使 k_g^* 和 $|\mathcal{K}_g|$ 的值产生变化,采用迭代的方式对两阶段求解值进行优化,直到收敛到最优解为止。

7.4.1 第一阶段:多播接收用户及侧链路发送用户搜索

第一阶段的目标是通过为每组用户分配固定带宽 $B_{\text{fixed}}^{\text{DL}}$ 和 $B_{\text{fixed}}^{\text{SL}}$,确定多播接收用户 $\mathcal{K}_g$(用户数 $|\mathcal{K}_g|$ 随之确定),并从中选择一个侧链路发送用户 k_g^*。

由于带宽预先固定分配,原始问题可以分解为 $|\mathcal{G}|$ 个独立问题。任意用户组 g 的效用最大化问题可以表示为

$$\max_{\{x_{m,n}\},\{y_{m,n}\},\{|\mathcal{K}_g|\},\{k_g^*\}} \Upsilon_{\text{ind}}^{\dagger}(g) = \sum_{(m,n) \in \Phi_g} \Upsilon_{\text{ind}}(m,n,g) \tag{7-27a}$$

$$\text{s.t.} \quad b \sum_{(m,n) \in \Phi_g} x_{m,n} \leqslant C_g^{\text{DL}\dagger} \tag{7-27b}$$

$$b \sum_{(m,n) \in \Phi_g} y_{m,n} \leqslant C_g^{\text{SL}\dagger} \tag{7-27c}$$

$$(7\text{-}12), (7\text{-}13), (7\text{-}14), (7\text{-}15), (7\text{-}25) \tag{7-27d}$$

式中,$C_g^{\text{DL}\dagger}$ 和 $C_g^{\text{SL}\dagger}$ 分别代表固定带宽后的下行多播链路和侧链路的信道容量,计算公式如下:

$$C_g^{\text{DL}\dagger} = \min_{k_g \in K_g} C^{\text{DL}}(B_{\text{fixed}}^{\text{DL}}, k_g) \tag{7-28}$$

$$C_g^{\text{SL}\dagger} = \max_{k_g \in K_g} \min_{j_g \in J_g} C^{\text{SL}}(B_{\text{fixed}}^{\text{SL}}, k_g, j_g) \tag{7-29}$$

多播接收用户和侧链路发送用户搜索算法如表 7-2 所示。首先,用户组 g 中的用户按其无线信道条件从大到小排序,并将用户信息重新存储在 $\mathcal{U}_g$ 中。接着,选择 $\mathcal{U}_g$ 中排序靠前的 $|\mathcal{K}_g|$ 个用户计算 $C_g^{\text{DL}\dagger}$ 和 $C_g^{\text{SL}\dagger}$,并用标准的优化工具箱对目标函数 (7-27a) 进行求解。为找到 (7-27a) 的最优解,根据信道状况依次将 $|\mathcal{K}_g|$ 从 $|\mathcal{U}_g|-1$ 更改为 1。最后,在 $|\mathcal{U}_g|-1$ 个目标函数结果中找到最大值对应的 $k_g^*, |\mathcal{K}_g|, k_{g,\min}$ 和 $j_{g,\min}$。

表 7-2　多播接收用户和侧链路发送用户搜索算法（UGDSSA 算法）

Algorithm 多播接收用户和侧链路发送用户搜索算法（UGDSSA 算法）

1. Input: $\mathcal{U}_g$, $|\mathcal{U}_g|$, $B_{\text{fixed}}^{\text{DL}}$, 和 $B_{\text{fixed}}^{\text{SL}}$
2. 根据信道条件,对 $\mathcal{U}_g$ 进行降序排序
3. For $1 \leqslant |\mathcal{J}_g| \leqslant |\mathcal{U}_g| - 1$
4. j_g 是 $|\mathcal{J}_g|$ 个最差信道条件用户的索引
5. For $k_g \in \mathcal{K}_g$
6. 计算 $C^{\text{DL}}(B_{\text{fixed}}^{\text{DL}}, k_g)$
7. 计算 $C^{\text{SL}}(B_{\text{fixed}}^{\text{SL}}, k_g, j_g)$
8. End For
9. 寻找 $\min\limits_{k_g \in \mathcal{K}_g} C^{\text{DL}}(B_{\text{fixed}}^{\text{DL}}, k_g)$
10. 寻找 $\max\limits_{k_g \in K_g} C^{\text{SL}}(B_{\text{fixed}}^{\text{SL}}, k_g, j_g)$
11. 基于标准优化工具计算临时 $\widetilde{\Upsilon}_{\text{ind}}^{\dagger}(g)$
12. End For
13. 在所有 $\widetilde{\Upsilon}_{\text{ind}}^{\dagger}(g)$ 解中,选择 $\widetilde{\Upsilon}_{\text{ind}}^{\dagger}(g)$ 最大值对应的 k_g^*, $|\mathcal{K}_g|$, $k_{g,\min}$, 以及 $j_{g,\min}$
14. Output: k_g^*, $|\mathcal{K}_g|$, $k_{g,\min}$, 以及 $j_{g,\min}$

7.4.2　第二阶段:带宽分配和贴片质量等级选择

第二阶段的目标是基于算法 7-2 的结果进行带宽分配及贴片质量等级选择。由于 k_g^*, $|\mathcal{K}_g|$, $k_{g,\min}$ 和 $j_{g,\min}$ 在第一阶段中已经确定,约束(7-22b)和(7-22c)可重写为

$$b \sum_{(m,n) \in \Phi_g} x_{m,n} \leqslant C^{\text{DL}}(B_g^{\text{DL}}, k_{g,\min}) \tag{7-30}$$

$$b \sum_{(m,n) \in \Phi_g} y_{m,n} \leqslant C^{\text{SL}}(B_g^{\text{SL}}, k_g^*, j_{g,\min}) \tag{7-31}$$

进而,问题(7-22a)可重新表示如下:

$$\max_{\substack{\{x_{m,n}^*\}, \{y_{m,n}^*\}, \\ \{B_g^{\text{DL}*}\}, \{B_g^{\text{SL}*}\}}} Y_{\text{ind}}^{\perp} = \frac{1}{|\mathcal{G}|} \sum_{g \in \mathcal{G}} \sum_{(m,n) \in \Phi_g} \Upsilon_{\text{ind}}(m,n,g) \tag{7-32a}$$

s.t. (7-3),(7-4),(7-12),(7-13),(7-14),(7-15),(7-25),(7-30),(7-31). (7-32b)

式(7-32b)中的所有约束都是凸的,而目标函数(7-32a)是凹的。因此,问题(7-32a)是凹优化,可以使用标准凸优化方法求解。带宽分配和贴片质量等级选择算法如表 7-3 所示。

表 7-3　带宽分配算法（BAA）

Algorithm 带宽分配算法（BAA）

1. Input: k_g^*, $|\mathcal{K}_g|$, $k_{g,\min}$, 以及 $j_{g,\min}$,使用标准优化工具对问题(7-32a)进行求解.
2. Output: $\{x_{m,n}^*\}$, $\{y_{m,n}^*\}$, $\{B_g^{\text{DL}*}\}$, 以及 $\{B_g^{\text{SL}*}\}$。

表 7-4 两阶段迭代优化算法

Algorithm 两阶段迭代优化算法
1. Input: ε
2. 设置 $\ell=1, \ell_{\max}=|\mathcal{G}| \times \max_{g \in G}|\mathcal{U}_g|, \Upsilon^*_{\text{ind}}=0$
3. **Repeat**
4. **If** $\ell=1$
5. 通过算法 7-2(固定带宽 $B^{\text{DL}}_{\text{fixed}}, B^{\text{SL}}_{\text{fixed}}$),获得 $k^*_g(\ell)$ 和 $|\mathcal{K}_g(\ell)|$
6. **Else**
7. 通过算法 7-2(上一次迭代求得的 $B^{\text{DL}*}_g(\ell), B^{\text{SL}*}_g(\ell)$),获得 $k^*_g(\ell)$ 和 $|\mathcal{K}_g(\ell)|$
8. **EndIf**
9. 基于 $k^*_g(\ell), |\mathcal{K}_g(\ell)|$,通过算法 7-3 计算 $B^{\text{DL}*}_g(\ell), B^{\text{SL}*}_g(\ell), x^*_{m,n}(\ell), y^*_{m,n}(\ell), \Upsilon^*_{\text{ind}}(\ell)$
10. **If** $\Upsilon^*_{\text{ind}} < \Upsilon^*_{\text{ind}}(\ell)$
11. $\Upsilon^*_{\text{ind}} = \Upsilon^*_{\text{ind}}(\ell)$
12. $B^{\text{DL}*}_g = B^{\text{DL}*}_g(\ell), B^{\text{SL}*}_g = B^{\text{SL}*}_g(\ell)$
13. $k^*_g = k^*_g(\ell), |\mathcal{K}_g| = |\mathcal{K}_g(\ell)|$
14. $x^*_{m,n} = x^*_{m,n}(\ell)$
15. $y^*_{m,n} = y^*_{m,n}(\ell)$
16. **EndIf**
17. $\ell = \ell + 1$
18. **Until** $\ell \geq \ell_{\max}$
19. $x^*_{m,n} = \lfloor x^*_{m,n} \rfloor$
20. $y^*_{m,n} = \lfloor y^*_{m,n} \rfloor$
21. Output: $B^{\text{DL}*}_g, B^{\text{SL}*}_g, x^*_{m,n}, y^*_{m,n}, k^*_g, |\mathcal{K}_g|, \Upsilon^*_{\text{ind}}$。

7.4.3 两阶段迭代

考虑到为每组分配带宽的不同会导致 $k^*_g, |\mathcal{K}_g|$(即 $k_{g,\min}$)和 $j_{g,\min}$ 的变化,本方案采用两阶段多轮迭代的方式获得最优解。显然,最优解最多在 $|\mathcal{G}| \cdot \max_{g \in \mathcal{G}}|\mathcal{U}_g|$ 次迭代后即可获得,迭代过程如表 7-4 所示。

需要说明的是,由于已经将离散约束(7-1)放宽到连续约束(7-25)。因此,迭代后的解一般不是问题(7-22a)的可行解。由于将 $x^*_{m,n}$ 和 $y^*_{m,n}$ 取值为 $\lfloor x^*_{m,n} \rfloor$ 和 $\lfloor y^*_{m,n} \rfloor$,其中 $\lfloor x^*_{m,n} \rfloor$ 和 $\lfloor y^*_{m,n} \rfloor$ 表示小于或等于 $x^*_{m,n}$ 和 $y^*_{m,n}$ 的最大整数。这样,问题(7-22a)的次优解可以表示为 $\lfloor x^*_{m,n} \rfloor, \lfloor y^*_{m,n} \rfloor, k^*_g, |\mathcal{K}_g|, B^{\text{DL}*}_g$ 和 $B^{\text{SL}*}_g$。

7.4.4 JnD 场景的两阶段算法

与 InD 场景相似,JnD 场景的优化问题(7-23a)也可以使用两阶段算法求解,仅需要更改效用函数,以及计算 $C^{\text{DL}}(B^{\text{DL}}_{\text{fixed}}, j_{g,\min})$ 和 C^{ind}_g 即可。

7.4.5 算法复杂度分析

命题 7.3 InD 场景下,其两阶段算法的计算复杂度 $\mathcal{O}(|\mathcal{U}|^3-|\mathcal{U}|+|\mathcal{G}|^2|\mathcal{U}|^2(Q^2R^{2.5}+R^{3.5}))$,其中 $Q=2(\mathrm{MN}+|\mathcal{G}|)$,$R=7\mathrm{MN}+2|\mathcal{G}|$。

证明:针对 InD 场景,其两阶段算法的计算复杂度包含两部分。

1. $C_g^{\mathrm{DL}\dagger}$ 和 $C_g^{\mathrm{SL}\dagger}$ 的计算复杂度

对于所有用户组,$C_g^{\mathrm{DL}\dagger}$ 需要 $\sum_{g\in\mathcal{G}}|\mathcal{U}_g|(|\mathcal{U}_g|-1)/2$ 次迭代,由于 $|\mathcal{K}_g|$ 从 $(|\mathcal{U}_g|-1)$ 开始,经过 $|\mathcal{U}_g|-1$ 次循环后到 1。考虑到 $|\mathcal{U}_g|\leqslant|\mathcal{U}|$,$C_g^{\mathrm{DL}\dagger}$ 的计算复杂度的上界为 $\mathcal{O}(|\mathcal{U}|(|\mathcal{U}|-1))$。

计算 $C_g^{\mathrm{SL}\dagger}$ 需要 $\sum_{|\mathcal{K}_g|=1}^{|\mathcal{U}_g|-1}|\mathcal{K}_g|(|\mathcal{U}_g|-|\mathcal{K}_g|)$ 次循环,即 $(|\mathcal{U}_g|^3-|\mathcal{U}_g|)/6$。考虑到 $|\mathcal{U}_g|\leqslant|\mathcal{U}|$,$C_g^{\mathrm{SL}\dagger}$ 的计算复杂度为 $\mathcal{O}((|\mathcal{U}|^3-|\mathcal{U}|))$。

$C_g^{\mathrm{DL}\dagger}$ 和 $C_g^{\mathrm{SL}\dagger}$ 在算法 7-2 中联合计算,其计算复杂度应为 $\mathcal{O}((|\mathcal{U}|^3-|\mathcal{U}|))$。

2. 求解凸问题的计算复杂度

根据命题 7.1 的分析,问题(7-22a)有 $Q=2(\mathrm{MN}+|\mathcal{G}|)$ 个决策变量和 $R=7\mathrm{MN}+2|\mathcal{G}|$ 个线性矩阵不等式(LMIs)。由于优化求解器在算法的两个阶段分别被调用了 $\sum_{g\in\mathcal{G}}(|\mathcal{U}_g|-1)$ 次和 1 次,求解凸问题的计算复杂度可表示为 $|\mathcal{G}||\mathcal{U}|(Q^2R^{2.5}+R^{3.5})$。

因此,两阶段算法的计算复杂度可推导为 $\mathcal{O}(|\mathcal{U}|^3-|\mathcal{U}|+|\mathcal{G}|^2|\mathcal{U}|^2(Q^2R^{2.5}+R^{3.5}))$,其中 $Q=2(\mathrm{MN}+|\mathcal{G}|)$,$R=7\mathrm{MN}+2|\mathcal{G}|$。

7.5 仿真分析

本节将通过仿真评估所提两阶段算法在 InD 场景和 JnD 场景的性能。

7.5.1 仿真场景

考虑一个覆盖范围为 250 m×250 m 的蜂窝小区,设置 50 个用户随机分布在小区范围内,用户与 BS 的距离大于 100 m,用户与用户之间距离不超过 65 m。参考标准 LTE 设置参数[173],BS 下行多播链路和用户间侧链路的载波频率分别为 2.6 GHz 和 2.4 GHz。对于下行多播链路和侧链路,工作带宽均为 20 MHz。另外,仿真同时考虑了阴影衰落和瑞利衰落,分别服从均值为 0、标准差为 8 dB 的对数正态分布和均值为 0、标准差为 1 dB 的复高斯分布。高斯白噪声单边带功率谱密度 $N_0=-134$ dBm/MHz。视频库中有 100 个 VR 视频,每个视频含 1 000 帧,每个 360°视频帧包含 $M\times N=8\times 10$ 个贴片,用户每次请求的 FoV 范围包含 40 个贴片。每个贴片有 $L=10$ 个级别,$b=8.408\times 10^5$[153]。贴片总权重服从均值为 0、方差为 1 的正态分布。针对 InD 场景和 JnD 场景的问题求解算法,分别称为独立解码算法(InDec)和联合解码算法(JnDec)。

本仿真使用 MATLAB 软件完成,优化工具选择 Sedumi 工具箱。仿真结果由 200 次独立仿真(产生随机信道)统计平均得到。基本仿真参数如表 7-5 所示。

表 7-5 基本仿真参数

参数	值
小区范围	250 m×250 m
BS 与用户间的距离	≥100 m
用户间的距离	2～65 m
总用户数 $\|\mathcal{U}\|$	50
BS 下行带宽 B^{DL}	20 MHz
侧链路带宽 B^{SL}	20 MHz
N_0	−134 dBm/MHz
阴影衰落	对数正态分布,均值为 0,标准差=8 dB
瑞利快衰落	复高斯分布,均值为 0,标准差
BS 下行链路载波频率	2.6 GHz
侧链路载波频率	2.4 GHz
BS 发射功率 P_{BS}	46 dBm
用户终端发射功率 P_U	23 dBm
天线增益	User:−1dBi; BS:16dBi
天线配置	SISO(1Tx1Rx)
360°视频帧的贴片数	80
贴片质量平滑度 Δ	1
用户组数	[10,50]

7.5.2 基线算法

基线算法如下所示:

- 穷举算法(Exhaustive-InD 和 Exhaustive-JnD):基于穷举搜索的最优算法,计算复杂度高,无法在多项式时间内获得最优解,仅作为参考算法的性能上界。
- Eq-NoSL 算法:该算法是传统多播方案,即仅考虑下行多播、不考虑侧链路传输,而且带宽资源平均分配给每个下行多播链路。
- Ba-NoSL 算法:该算法仅考虑下行多播,带宽分配优化给每个下行多播链路。
- Eq-SL 算法:该算法考虑了下行多播和侧链路传输,但所有带宽资源平均分配给每个下行多播链路和侧链路。
- Random 算法:该算法考虑了下行多播和侧链路传输,带宽随机分配给每个下行多播链路和侧链路。

7.5.3 性能评估

本小节主要从算法复杂度、算法收敛性、效用值等方面进行性能评估。

1. 算法复杂度

根据命题 7.1、命题 7.2、命题 7.3 和命题 7.4,所提算法比穷举搜索具有更低的复杂度,算法 JnDec 比算法 InDec 具有更低的复杂度,仿真验证结果与命题分析相吻合。如表 7-6 所示,在 $B^{DL}=B^{SL}=20$ MHz,固定 $|\mathcal{G}|=10$,$|\mathcal{U}_g|=5$ $(g\in|\mathcal{G}|)$ 的情况下,所提算法用时仅为穷举搜索算法的 1/20 000。另外,JnDec 能够获得更高的总效用值,且耗时比 InDec 算法更低。但需要说明的是,JnDec 算法对系统设计的要求更高,为保证侧链路接收用户能够完

成联合解码,要求侧链路发送用户具有缓冲数据的能力,同时增加了接收机信号处理的复杂度。

表 7-6 所提算法与穷举算法的计算复杂度比较

算法	计算时间		总效用值
	阶段 I	阶段 II	
Exhaustive-InD	2 002 780.16		130
Exhaustive-JnD	1 405 091.84		149
InDec	17.01	1.91	122
JnDec	15.08	1.34	144

2. 算法收敛性能

图 7-4 所示为 $B^{DL}=B^{SL}=20$ MHz 情况下,所提 InDec 和 JnDec 算法的收敛性能。可以看到,InDec 和 JnDec 算法最多只需 4 次迭代即可收敛。

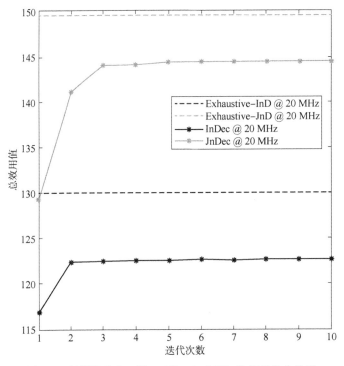

图 7-4 所提算法在 $B^{DL}=B^{SL}=20$ MHz 条件下的收敛性

3. 带宽对效用性能的影响

图 7-5 和图 7-6 分别所示为在不同下行多播链路带宽 B^{DL} 和侧链路带宽 B^{SL} 下,所提 InDec 和 JnDec 算法与 Exhaustive-InD 算法、Exhaustive-JnD 算法、Eq-SL 算法、Eq-NoSL 算法、Ba-NoSL 算法以及随机算法 Random 的效用性能曲线。

从图 7-5 中可以看到,所有算法的效用值随着 B^{DL} 的增加而增加,而 InDec 和 JnDec 算法始终优于其他参考算法并获得近似最优解(其效用值接近穷举算法上限),证明了所提解决方案的有效性。结果表明,与 Ba-NoSL,Eq-SL 和 Eq-NoSL 相比,InDec 和 JnDec 算法最高可实现12%、32%和46%的性能提升。即使在平均带宽分配算法中,由于考虑侧链路传输,算法 Eq-SL 的效用性能仍然比算法 Eq-NoSL 高11%。

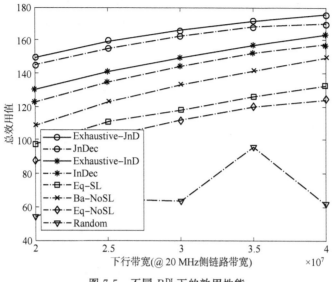

图 7-5　不同 B^{DL} 下的效用性能

如图 7-6 所示,所有算法的效用值随着 B^{SL} 的增加而增加,InDec 和 JnDec 算法也优于其他基准算法。需要注意的是,当侧链路带宽高于 35 MHz 以后,JnDec 算法下的效用值不再增长。其主要原因是,视频贴片质量等级主要受限于式(7-24)中定义的 C_g^{ind}(取 C_g^{DL} 和 $C^{DL}(B_g^{DL}, j_g) + C_g^{SL}$ 中较小的值)。由于下行多播带宽固定,C_g^{DL} 是个常量,随着侧链路带宽的增加,C_g^{SL} 将一直等于 C_g^{DL},导致总效应值不再随着侧链路带宽的增加而增加。另外,由于侧链路发送的贴片质量不会高于 BS 下行多播链路的贴片质量,因而所有算法的效用值随着 B^{SL} 的增加幅度比较平缓。

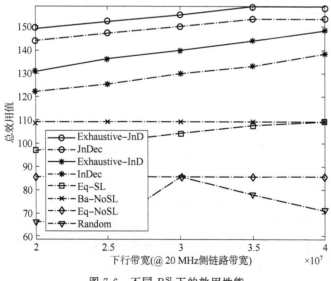

图 7-6　不同 B^{SL} 下的效用性能

4. 平滑度对效用性能的影响

图 7-7 所示为贴片质量的平滑度对总效用值的影响。从图 7-7(a)中可以看到,当算法不考虑贴片质量平滑度时,其效用值更低。直观来看,如图 7-7(b)所示,当算法不考虑贴片质量平滑度时,用户获得的贴片质量变化更加剧烈,严重影响用户观看体验,从而降低用户 QoE。

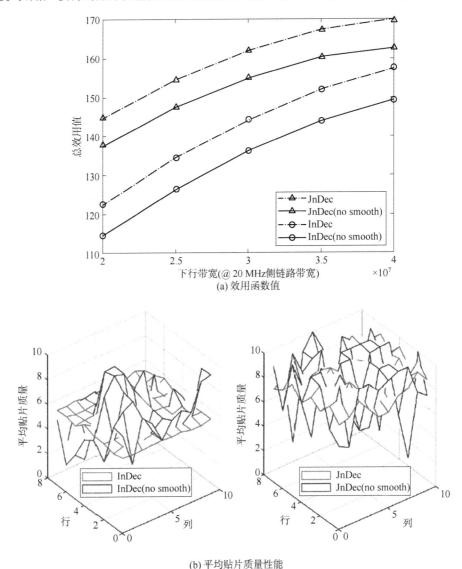

(b) 平均贴片质量性能

图 7-7 贴片质量平滑度对性能的影响

5. 贴片质量性能

图 7-8 所示为在用户分组固定、带宽固定(20 MHz)、请求视频固定(视频内容、视频流行度)的情况下,使用不同算法得到的平均贴片质量。图中的实心矩形代表一个 360°视频帧,每个视频帧由 8 行 10 列共 80 个不同颜色的方块组成,每个方块代表一个贴片,每种颜色代表一个质量等级。贴片颜色从蓝色渐变到黄色(即由深变浅),表示平均图块质量级别逐渐提高。可以看到,在所有算法中,InDec 算法和 JnDec 算法具有为用户选择最高质量等

级的能力,可以有效地提高用户 QoE。需要说明的是,由于不同仿真结果的随机性,Random 算法的平均图块质量级别性能并未给出。

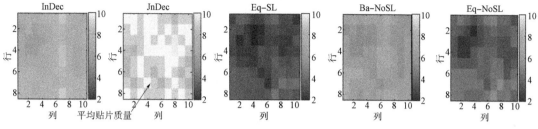

图 7-8　$B^{DL}=B^{SL}=20$ MHz 条件下不同算法的平均贴片质量性能

6. 用户分组对贴片质量的影响

图 7-9 所示为用户分组增加对贴片质量的影响。可以看到,当组数从 10 增加到 50 时,由于可以为每个组分配的带宽更少,贴片质量随之降低。

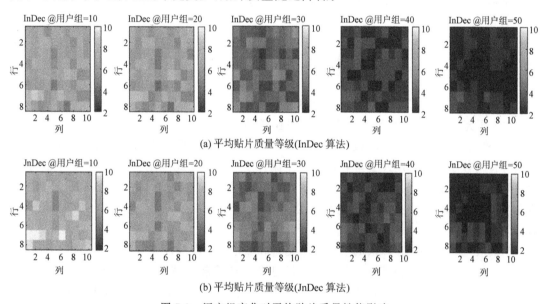

(a) 平均贴片质量等级(InDec 算法)

(b) 平均贴片质量等级(JnDec 算法)

图 7-9　用户组变化对平均贴片质量性能影响

7.6　本章小结

本章开展了侧链路辅助的多质量贴片 360°VR 视频多播传输优化研究。面向提升用户接收视频质量需求,设计了侧链路辅助的多质量贴片 360°VR 视频多播传输系统,提出了独立解码与联合解码两个场景。分别针对两个场景,设计了效用函数,建立了使所有用户总效用最大化的数学优化问题,确定了贴片质量等级选择,侧链路发送用户选择和带宽分配与最大化所有用户总效用的数学关系,理论分析了问题的最优解方案及其复杂度。考虑到工程实际需要,提出了一个两阶段求解算法,可实现较小迭代次数的快速收敛,通过多播/侧链路用户搜索和连续松弛可以获得原问题的次优解。仿真结果表明,所提 InDec 和 JnDec 算法具有更优的性能,能够为用户提供更高质量的 360°VR 视频,有效提升用户 QoE。

第8章　总结及展望

本书以提升无线视频业务的传输性能为目标,结合视频业务特性,面向普通视频、SVC视频、VR视频等业务构建了新型无线视频传输结构,开展了无线边缘缓存和无线多播技术研究。本章首先对全书的工作重点和研究成果进行梳理,随后对未来的研究方向进行展望。

8.1　总　　结

本书的主要研究工作和研究成果归纳如下:

(1) 研究了NG-RAN架构下普通视频业务的主动边缘缓存优化技术。分析了NG-RAN架构下缓存的合作特性,提出了基于NG-RAN的无线视频传输系统架构,基于马尔可夫过程构建了用户移动性模型和视频片段流行度模型。在此基础上,构建了两个以最小化平均传输延时为目标的缓存优化问题。考虑到原问题是NP-Hard的,提出了用户移动性感知和用户移动性与视频片段流行度联合感知的两种主动缓存算法MAPCaching和MAPPCaching。

仿真验证了两种缓存算法的平均传输延时和缓存命中率等性能。

(2) 研究了NG-RAN架构下SVC视频业务的边缘缓存优化技术。构建了基于NG-RAN的SVC视频无线传输系统架构,为有效降低业务数据平均传输延时,建立了一个0-1整数规划问题。考虑到该问题是NP-Hard的,根据背包原理对原问题进行了转化和求解,利用NG-RAN的分层缓存体系结构和SVC视频业务的可伸缩性,提出了基于缓存优先级的分层缓存算法。此外,针对远程下载传输延时比本地下载传输延时高很多倍的特殊情况,将原始问题等效简化为缓存命中率最大化问题,并提出了一种近似比达到1/2的简化缓存算法。

仿真验证了所提方案在实现低延时和高缓存命中率方面的有效性。

(3) 研究了NG-RAN架构下360° VR视频业务的边缘缓存优化技术。基于360° VR视频的视角合成特性,设计了基于NG-RAN的360° VR视频传输系统模型,给出了双层缓存部署架构以及基于BBU池的视角合成计算架构。进一步地,在分析用户请求360° VR视频的传输模式后,建模了最小化平均下载延时问题。证明了该问题是NP-Hard问题,并理论推导了问题的最优解。为保证算法的工程可用性,提出了考虑视角合成的"最小距离数最大化"缓存算法,并证明了该算法与理论最优算法的最大近似比为2。

仿真验证了算法在平均传输等待时间、缓存命中率、回程流量负载和用户体验质量等方面性能的有效性。

（4）研究了侧链路辅助的多质量贴片 360°VR 视频业务的多播优化技术。针对 360°VR 视频贴片的多质量特性，设计了侧链路辅助的 360°VR 视频业务多播传输系统。设计了适用于 VR 视频传输的两阶段方案，并提出了独立解码和联合解码两种场景。基于贴片权重和贴片质量等级设计了量化视频体验质量的效用模型，并针对两种场景建模了效用函数最大化问题。由于问题是混合整数非线性规划，基于松弛和迭代方法，提出了先搜索多播接收用户和侧链路发送用户，再进行带宽分配和贴片质量级别选择的两阶段优化算法。

仿真验证了算法的复杂度、收敛性和用户体验质量等性能。

8.2 未来可行的研究方向

基于已有的研究工作，未来可以从如下几个方面开展研究：

（1）面向节能的缓存设计与优化。在 5G 及未来网络中，随着基站、终端数的更大幅度增长，能量效率将是必须考虑的设计标准。目前，无线网络节能的方式主要有最小化基站能耗、最小化基站数量以及使用可再生能源三大类。最小化基站能耗的方法主要有提升基站能效、系统软件控制以及优化基站结构等节能方式。对于带缓存功能的无线接入网络，由于云端（边缘）计算、存储的引入，还应考虑云端（边缘）处理器、计算资源和数据存储的能耗问题。因而，将缓存设计与能耗相关联，建立包含缓存能耗在内的综合能耗模型，建模缓存策略与能耗的数学关系，分析缓存能耗与数据传输性能的关系，提出新的面向节能的缓存方案，将进一步提升网络传输性能和系统能量效率。

（2）面向 VR 业务的缓存与计算联合优化。满足 VR 视频业务的低延时要求是使用户沉浸 VR 场景的重要保证。从网络优化的角度，5G 及未来网络可以利用网络切片、扁平化架构设计等有效降低数据传输延时。但是，不同于传统视频业务，VR 视频业务的渲染、合成等过程需要大量计算资源，如果全部由视频服务器或云端服务器完成，其计算延时将不可忽略，从而降低系统性能，影响用户体验。如果将计算密集型任务（如渲染、合成等）分解、部署到网络边缘，能够大幅度降低计算延时，有效提升 VR 视频业务性能。因而，在 VR 传输系统中，不仅考虑数据的缓存策略，同时考虑计算任务的分解、卸载策略，将边缘缓存与边缘计算相结合，将对系统性能的提升起到重要的促进作用。

（3）基于深度学习的侧链路辅助多播优化。在无线接入网络中引入侧链路辅助的多播技术，可以有效增强用户终端的数据传输速率，提升频谱资源利用率，将是 5G 及未来无线网络中提升系统性能的新手段。本文提出的用于多质量贴片 360°VR 视频的侧链路辅助多播策略可取得较好的效果。但需要指出的是，其计算复杂度仍然较大，当用户分组增加时，其计算复杂度将成倍增长，严重影响实际应用效果。将深度学习算法引入侧链路辅助多播优化策略的设计，可在不需要标签数据，不需要特定模型的前提下，获得良好的算法性能。此外，通过开发有效的训练算法、进行多代理设计等手段，还可保证算法的复杂度不随着网络规模的增大而增大，具有重要的工程实用价值。

（4）延时敏感的侧链路辅助多播优化。本书提出的侧链路辅助无线多播方案没有考虑延时性能。在更通用的场景中，侧链路辅助传输、视频转码消耗的时间资源不可忽略，如何设计新的多播方案，实现延时和吞吐量的权衡，也是值得研究的重要方向。

（5）侧链路辅助多播方案的分组优化。本书所提方案基于相同请求进行了预先分组，进而在已有分组的基础上进行了频率资源、视频贴片等级、侧链路发送用户、侧链路接收用户等的优化研究。实际上，用户分组对系统整体性能的影响至关重要，在参考现有研究成果的基础上，提出新的用户分组方案，将进一步提升侧链路辅助多播方案的实际性能。

（6）面向视频业务的缓存与多播联合优化。由于缓存和多播技术均针对内容传输，可以紧密结合，如何将多播与缓存联合优化，也是下一步可以研究的重要内容。

参 考 文 献

[1] Ericsson. White paper: Ericsson Mobility Report[OL]. 2020. https://www.ericsson.com/4adc87/assets/local/mobility-report/documents/2020/november-2020-ericsson-mobility-report.pdf.

[2] Cisco. Cisco Visual Networking Index: Forecast and Trends, 2018-2023[J]. White Paper, 2020. [Online]. Available: https://davidellis.ca/wp-content/uploads/2020/09/cisco-vni-feb2020.pdf

[3] Agrawal S, Sharma K. 5G millimeter wave (mmWave) communications[A] // 2016 3rd International Conference on Computing for Sustainable Global Development (INDIACom)[C]. 2016:3630-3634.

[4] Peng M, Sun Y, Li X, et al. Recent Advances in Cloud Radio Access Networks: System Architectures, Key Techniques, and Open Issues[J]. IEEE Communications Surveys & Tutorials, 2016, 18(3): 2282-2308.

[5] Tran T X, Pompili D. Dynamic Radio Cooperation for User-Centric Cloud-RAN With Computing Resource Sharing[J]. IEEE Transactions on Wireless Communications, 2017, 16(4): 2379-2393.

[6] Nguyen H D, Nguyen H D, Quek T Q S, et al. Adaptive Cloud Radio Access Networks: Compression and Optimization [J]. IEEE Transactions on Signal Processing, 2017, 65(1): 228-241.

[7] Yoshida Y. Mobile Xhaul Evolution: Enabling Tools for a Flexible 5G Xhaul Network[A]// 2018 Optical Fiber Communications Conference and Exposition (OFC)[C]. 2018: 1-85.

[8] 3GPP. "3GPP TS 38.401 V15.2.0 (2018-6), 3rd Generation Partnership Project; Technical Specification Group Radio Access Network; NGRAN; Architecture description (Release 15),"2018.

[9] Gupta H, Sharma M, Franklin A A, et al. Apt-RAN: A Flexible Split-Based 5G RAN to Minimize Energy Consumption and Handovers[J]. IEEE Transactions on Network and Service Management, 2020, 17(1): 473-487.

[10] Hirayama H, Tsukamoto Y, Nanba S, et al. RAN Slicing in Multi-CU/DU Architecture for 5G Services [A]// 2019 IEEE 90th Vehicular Technology Conference (VTC2019-Fall)[C]. 2019: 1-5.

[11] Guo B, Ye C, Yu H, et al. Implementation of C-RAN Architecture with CU/DU Split on a Flexible SDR Testbed[A]// 2019 IEEE Wireless Communications and Networking Conference (WCNC)[C]. 2019: 1-6.

[12] Xiao Y, Zhang J, Ji Y. Energy-efficient DU-CU Deployment and Lightpath Provisioning for Service-oriented 5G Metro Access/Aggregation Networks[J]. Journal of Lightwave Technology, 2021: 1-1.

[13] Yu H, Ye C, Yuan Y, et al. Implementation of C-RAN Architecture with CU-CP and CU-UP Separation Based on SDR/NFV[A]// 2019 IEEE 90th Vehicular Technology Conference (VTC2019-Fall)[C]. 2019: 1-5.

[14] Shamganth K, Sibley M J N. A survey on relay selection in cooperative device-to-device (D2D) communication for 5G cellular networks[A]// 2017 International Conference on Energy, Communication, Data Analytics and Soft Computing (ICECDS)[C]. 2017: 42-46.

[15] Breslau L, Cao P, Fan L, et al. Web caching and Zipf-like distributions: Evidence and implications[A]// IEEE INFOCOM'99. Conference on Computer Communications. Proceedings. Eighteenth Annual Joint Conference of the IEEE Computer and Communications Societies. The Future is Now (Cat. No. 99CH36320)[C]. 1999: 126-134.

[16] Wang X, Huang Y, Cui C, et al. C-RAN: Evolution toward Green Radio Access Network[J]. China Communications, 2010, 7(3): 107-112.

[17] Yao J, Ansari N. QoS-aware joint BBU-RRH mapping and user association in cloud-RANs[J]. IEEE Transactions on Green Communications and Networking, 2018, 2(4): 881-889.

[18] Hwang I, Song B, Soliman S. A holistic view on hyper-dense heterogeneous and small cell networks[J]. Communications Magazine IEEE, 2013, 51(6): 20-27.

[19] Liu D, Wang L, Chen Y, et al. User Association in 5G Networks: A Survey and an Outlook[J]. IEEE Communications Surveys & Tutorials, 2016, 18(2): 1018-1044.

[20] Zhang N, Cheng N, Gamage A T, et al. Cloud assisted HetNets toward 5G wireless networks[J]. IEEE Communications Magazine, 2015, 53(6): 59-65.

[21] Peng M, Wang C, Lau V, et al. Fronthaul-Constrained Cloud Radio Access Networks: Insights and Challenges[J]. IEEE Wireless Communications, 2015, 22(2): 152-160.

[22] Zhao Z, Peng M, Ding Z, et al. Cluster Content Caching: An Energy-Efficient Approach to Improve Quality of Service in Cloud Radio Access Networks[J]. IEEE Journal on Selected Areas in Communications, 2016, 34(5): 1207-1221.

[23] Tran T X, Hajisami A, Pompili D. Cooperative Hierarchical Caching in 5G Cloud Radio Access Networks[J]. 2017, 31(4): 35-41.

[24] Sun Y, Peng M, Mao S. Deep Reinforcement Learning-Based Mode Selection and Resource Management for Green Fog Radio Access Networks[J]. IEEE Internet of Things Journal, 2019, 6(2): 1960-1971.

[25] Ku Y, Lin D, Lee C, et al. 5G Radio Access Network Design with the Fog Paradigm: Confluence of Communications and Computing[J]. IEEE Communications Magazine, 2017, 55(4): 46-52.

[26] Lei L, Zhong Z, Lin C, et al. Operator controlled device-to-device communications in LTE advanced networks[J]. IEEE Wireless Communications, 2012, 19(3): 96-104.

[27] Cai Y, Ni Y, Zhang J, et al. Energy efficiency and spectrum efficiency in underlay device-to-device communications enabled cellular networks [J]. China Communications, 2019, 16(4): 16-34.

[28] Ali W, Shamsuddin S M, Ismail A S, et al. A survey of web caching and prefetching[J]. Int. J. Advance. Soft Comput. Appl, 2011, 3(1): 18-44.

[29] Zhang G, Li Y, Lin T. Caching in information centric networking: A survey[J]. Computer Networks, 2013, 57(16): 3128-3141.

[30] Zhang M, Luo H, Zhang H. A survey of caching mechanisms in information-centric networking[J]. IEEE Communications Surveys & Tutorials, 2015, 17(3): 1473-1499.

[31] Nygren E, Sitaraman R K, Sun J. The akamai network: a platform for high-performance internet applications[J]. ACM SIGOPS Operating Systems Review, 2010, 44(3): 2-19.

[32] Scellato S, Mascolo C, Musolesi M, et al. Track globally, deliver locally: improving content delivery networks by tracking geographic social cascades[A]// Proceedings of the 20th international conference on World wide web[C]. 2011: 457-466.

[33] Borst S, Gupta V, Walid A. Distributed caching algorithms for content distribution networks[A]// 2010 Proceedings IEEE INFOCOM[C]. 2010: 1-9.

[34] Yao J, Han T, Ansari N. On mobile edge caching[J]. IEEE Communications Surveys & Tutorials, 2019, 21(3): 2525-2553.

[35] Lee D, Choi J, Kim J H, et al. LRFU: a spectrum of policies that subsumes the least recently used and least frequently used policies[J]. IEEE Transactions on Computers, 2001, 50(12): 1352-1361.

[36] Cha M, Kwak H, Rodriguez P, et al. I tube, you tube, everybody tubes: analyzing the world's largest user generated content video system[A]// ACM SIGCOMM Conference on Internet Measurement [C]. 2007: 1-14.

[37] Famaey J, Iterbeke F, Wauters T, et al. Towards a predictive cache replacement strategy for multimedia content [J]. Journal of Network and Computer Applications, 2013, 36(1): 219-227.

[38] Golrezaei N, Molisch A F, Dimakis A G, et al. Femtocaching and device-to-device collaboration: A new architecture for wireless video distribution[J]. IEEE Communications Magazine, 2013, 51(4): 142-149.

[39] Ahlehagh H, Dey S. Video-aware scheduling and caching in the radio access network[J]. IEEE/ACM Transactions on Networking, 2014, 22(5): 1444-1462.

[40] Xu J, Schaar M V D, Liu J, et al. Forecasting Popularity of Videos Using Social Media[J]. IEEE Journal of Selected Topics in Signal Processing, 2015, 9(2): 330-343.

[41] Liu J, Liu F, Ansari N. Monitoring and analyzing big traffic data of a large-scale cellular network with Hadoop[J]. IEEE network, 2014, 28(4): 32-39.

[42] Zeydan E, Bastug E, Bennis M, et al. Big data caching for networking: Moving from cloud to edge[J]. IEEE Communications Magazine, 2016, 54(9): 36-42.

[43] Ma G, Wang Z, Zhang M, et al. Understanding Performance of Edge Content Caching for Mobile Video Streaming[J]. IEEE Journal on Selected Areas in Communications, 2017, 35(5): 1076-1089.

[44] Zhang X, Lv T, Ni W, et al. Energy-Efficient Caching for Scalable Videos in Heterogeneous Networks[J]. IEEE Journal on Selected Areas in Communications, 2018, 36(8): 1802-1815.

[45] Jiang D, Cui Y. Analysis and Optimization of Caching and Multicasting for Multi-Quality Videos in Large-Scale Wireless Networks[J]. IEEE Transactions on Communications, 2019: 1-1.

[46] Zhang X, Ren Y, Gao H, et al. Analysis of caching and transmitting scalable videos in cache-enabled small cell networks[A]// GLOBECOM 2017-2017 IEEE Global Communications Conference[C]. 2017: 1-6.

[47] Zhang X, Lv T, Yang S. Near-Optimal Layer Placement for Scalable Videos in Cache-Enabled Small-Cell Networks[J]. IEEE Transactions on Vehicular Technology, 2018, 67(9): 9047-9051.

[48] Wei Y, Xu C, Wang M, et al. Cache Management for Adaptive Scalable Video Streaming in Vehicular Content-Centric Network[A]// 2016 International Conference on Networking and Network Applications (NaNA)[C]. 2016: 410-414.

[49] Wu L, Zhang W. Caching-Based Scalable Video Transmission Over Cellular Networks[J]. IEEE Communications Letters, 2016, 20(6): 1156-1159.

[50] Zhu D, Lu H, Gu Z, et al. Joint Power Allocation and Caching for SVC Videos in Heterogeneous Networks[A]// 2018 IEEE Global Communications Conference (GLOBECOM)[C]. 2018: 1-7.

[51] Poularakis K, Iosifidis G, Argyriou A, et al. Caching and operator cooperation policies for layered video content delivery[A]// IEEE INFOCOM 2016-The 35th Annual IEEE International Conference on Computer Communications[C]. 2016: 1-9.

[52] Zhan C, Wen Z. Content Cache Placement for Scalable Video in Heterogeneous Wireless Network [J]. IEEE Communications Letters, 2017, 21(12): 2714-2717.

[53] Jedari B, Di Francesco M. Delay Analysis of Layered Video Caching in Crowdsourced Heterogeneous Wireless Networks [A]// 2018 IEEE Global Communications Conference (GLOBECOM) [C]. 2018: 1-6.

[54] Zhan C, Yao G. SVC-based caching and transmission strategy in wireless device-to-device networks [A]// 2018 16th International Symposium on Modeling and Optimization in Mobile, Ad Hoc, and Wireless Networks (WiOpt)[C]. 2018: 1-6.

[55] Chakareski J. VR/AR Immersive Communication: Caching, Edge Computing, and Transmission Trade-Offs[A]// The Workshop on Virtual Reality and Augmented Reality Network[C]. 2017:36-41.

[56] Chen M, Saad W, Yin C. Echo-Liquid State Deep Learning for 360 Content Transmission and Caching in Wireless VR Networks With Cellular-Connected UAVs[J]. IEEE Transactions on Communications, 2019, 67(9): 6386-6400.

[57] Elbamby M S, Perfecto C, Bennis M, et al. Edge computing meets millimeter-wave enabled VR: Paving the way to cutting the cord[A]// 2018 IEEE Wireless Communications and Networking Conference (WCNC)[C]. 2018: 1-6.

[58] Schaufler G, St rzlinger W. A Three Dimensional Image Cache for Virtual Reality [J]. Computer Graphics Forum, 2010, 15(3): 227-235.

[59] Bastug E, Bennis M, Medard M, et al. Toward Interconnected Virtual Reality: Opportunities, Challenges, and Enablers[J]. IEEE Communications Magazine, 2017, 55(6): 110-117.

[60] Chen M, Challita U, Saad W, et al. Artificial Neural Networks-Based Machine Learning for Wireless Networks: A Tutorial [J]. IEEE Communications Surveys & Tutorials, 2019, 21(4): 3039-3071.

[61] Sun Y, Chen Z, Tao M, et al. Communications, Caching, and Computing for Mobile Virtual Reality: Modeling and Tradeoff [J]. IEEE Transactions on Communications, 2019, 67(11): 7573-7586.

[62] Mahzari A, Taghavi Nasrabadi A, Samiei A, et al. Fov-aware edge caching for adaptive 360 video streaming [A]// 2018 ACM Multimedia Conference on Multimedia Conference[C]. 2018: 173-181.

[63] Gao G, Wen Y, Cai J. vCache: Supporting cost-efficient adaptive bitrate streaming [J]. IEEE MultiMedia, 2017, 24(3): 19-27.

[64] Wang K, Yu F R, Li H, et al. Information-Centric Wireless Networks with Virtualization and D2D Communications [J]. IEEE Wireless Communications, 2017, 24(3): 104-111.

[65] Qiu L, Cao G. Popularity-aware caching increases the capacity of wireless networks [A]// Proc. IEEE INFOCOM[C]. 2017: 1-9.

[66] Shi Y, Ling Q. An adaptive popularity tracking algorithm for dynamic content caching for radio access networks[A]// Proc. Chinese Control Conference[C]. 2017: 5690-5694.

[67] Wu X, Yang J, Ran Y, et al. Adaptive Scalable Video Transmission Strategy in Energy Harvesting Communication System[J]. IEEE Transactions on Multimedia, 2015, 17(12): 2345-2353.

[68] Cical S, Haseeb A, Tralli V. Fairness-oriented multi-stream rate adaptation using scalable video coding[J]. Signal Processing Image Communication, 2012, 27(8): 800-813.

[69] Schwarz H, Marpe D, Wiegand T. Overview of the Scalable Video Coding Extension of the H.264/AVC Standard[J]. IEEE Transactions on Circuits and Systems for Video Technology, 2007, 17(9): 1103-1120.

[70] Ostovari P, Wu J, Khreishah A, et al. Scalable Video Streaming With Helper Nodes Using Random Linear Network Coding[J]. IEEE/ACM Transactions on Networking, 2016, 24(3): 1574-1587.

[71] Hamid N S S, Aziz F A, Azizi A. Virtual reality applications in manufacturing system[A]// Science and Information Conference[C]. 2014: 1034-1037.

[72] Mordor Intelligence, "Virtual Reality (VR) Market-Growth, Trends, and Forecast (2021-2026),"[OL]. Available: https://www.mordorintelligence.com/industry-reports/virtualreality-market/, [Accessed: 17-May-2021].

[73] Bellini H. The Real Deal with Virtual and Augmented Reality [OL]. 2016. http://www.goldmansachs.com/our-thinking/pages/virtual-and-augmented-reality.html.

[74] Graham L. Citi eyes a trillion-dollar industry in virtual reality technology [OL]. 2016. http://www.cnbc.com/2016/10/14/citi-eyesa-trillion-dollar-industry-in-virtual-reality-technology.html.

[75] Afolabi R O, Dadlani A, Kim K. Multicast Scheduling and Resource Allocation Algorithms for OFDMA-Based Systems: A Survey[J]. IEEE Communications Surveys & Tutorials, 2013, 15(1):240-254.

[76] Xu W, Niu K, Lin J, et al. Resource Allocation in Multicast OFDM Systems: Lower/Upper Bounds and Suboptimal Algorithm [J]. IEEE Communications Letters, 2011, 15(7): 722-724.

[77] Shin Y, Baek S, Choi S, et al. Scalable video multicast using flexible multicast service over IEEE 802.11 WLAN[A]// 2016 IEEE International Conference on Communications (ICC)[C]. 2016:1-6.

[78] Lim W S, Hong Y G. Energy-Efficient Multicasting in IEEE 802.11 WLANs for Scalable Video Streaming[A]// 2017 IEEE 85th Vehicular Technology Conference (VTC Spring)[C]. 2017: 1-5.

[79] Cheng B, Hancke G. Energy Efficient Scalable Video Manycast in Wireless Ad-hoc NETworks[A]// IECON 2016-42nd Annual Conference of the IEEE Industrial Electronics Society[C]. 2016: 6216-6221.

[80] Guo C, Cui Y, Ng D W K, et al. Power-Efficient Multi-Quality Multicast Beamforming Based on SVC and Superposition Coding[A]// GLOBECOM 2017-2017 IEEE Global Communications Conference[C]. 2017: 1-7.

[81] Zhou H, Ji Y, Wang X, et al. Joint Resource Allocation and User Association for SVC Multicast Over Heterogeneous Cellular Networks [J]. 2015, 14 (7): 3673-3684.

[82] Wu F, Yang W, Ren J, et al. Adaptive Video Streaming Using Dynamic NDN Multicast in WLAN[A]// IEEE INFOCOM 2020-IEEE Conference on Computer Communications Workshops (INFOCOM WKSHPS)[C]. 2020: 97-102.

[83] Araniti G, Rinaldi F, Scopelliti P, et al. A Dynamic MBSFN Area Formation Algorithm for Multicast Service Delivery in 5G NR Networks [J]. IEEE Transactions on Wireless Communications, 2020, 19(2): 808-821.

[84] Wang H, Xiao S, Kuo C C J. Robust and Flexible Wireless Video Multicast with Network Coding [A]// IEEE GLOBECOM 2007-IEEE Global Telecommunications Conference[C]. 2007:2129-2133.

[85] Wang X, Li H, Tong M, et al. Cooperative Network-Coded Multicast for Layered Content Delivery in D2D-Enhanced HetNets[A]// 2019 IEEE Symposium on Computers and Communications (ISCC)[C]. 2019: 1-6.

[86] Hou F, Cai L X, Ho P H, et al. A cooperative multicast scheduling scheme for multimedia services in IEEE 802.16 networks[J]. IEEE Transactions on Wireless Communications, 2009, 8(3): 1508-1519.

[87] Seppälä J, Koksela T, Chen T, et al. Network controlled device-to-device (D2D) and cluster multicast concept for LTE and LTE-A networks[A]// Proc. IEEE WCNC 2011[C]. Cancun, Mexico:2011: 986-991.

[88] Lin C H, Yang D N, Lee J T, et al. Efficient Error-Resilient Multicasting for Multi-View 3D Videos in Wireless Network[A]// 2016 IEEE Global Communications Conference (GLOBECOM)[C]. 2016: 1-7.

[89] Lee J T, Yang D N, Chen Y C, et al. Efficient multi-view 3D video multicast with depth-image-based rendering in LTE-advanced networks with carrier aggregation [J]. IEEE Transactions on Mobile Computing, 2017, 17(1): 85-98.

[90] Kuo J J, Yang D N, Li W C, et al. Efficient Multi-View 3D Video Multicast with Mobile Edge Computing[A]// 2018 IEEE Global Communications Conference (GLOBECOM)[C]. 2018: 1-7.

[91] Chen C Y, Wang C H, Chiang S H, et al. Multicast with View Synthesis for Wireless Virtual Reality [A]// ICC 2020-2020 IEEE International Conference on Communications (ICC)[C]. 2020:1-7.

[92] Chen M H, Hu K W, Chung I H, et al. Towards VR/AR Multimedia Content Multicast over Wireless LAN [A]// 2019 16th IEEE Annual Consumer Communications Networking Conference (CCNC)[C]. 2019: 1-6.

[93] Guo C, Cui Y, Liu Z. Optimal Multicast of Tiled 360 VR Video in OFDMA Systems[J]. IEEE Communications Letters, 2018, 22(12): 2563-2566.

[94] Park J, Hwang J, Wei H. Cross-Layer Optimization for VR Video Multicast Systems[A]// Proc. IEEE GLOBECOM 2018[C]. Abu Dhabi, UAE: 2018: 1-6.

[95] Bao Y, Zhang T, Pande A, et al. Motion-Prediction-Based Multicast for 360-Degree Video Transmissions [A]// 2017 14th Annual IEEE International Conference on Sensing, Communication, and Networking (SECON)[C]. 2017: 1-9.

[96] Bao Y, Wu H, Ramli A A, et al. Viewing 360 degree videos: Motion prediction and bandwidth optimization [A]// 2016 IEEE 24th International Conference on Network Protocols (ICNP)[C]. 2016: 1-2.

[97] Kan N, Liu C, Zou J, et al. A Server-Side Optimized Hybrid Multicast-Unicast Strategy for Multi-User Adaptive 360-Degree Video Streaming[A]// 2019 IEEE International Conference on Image Processing (ICIP)[C]. 2019: 141-145.

[98] Yang J, Luo J, Wang J, et al. CMU-VP: Cooperative Multicast and Unicast With Viewport Prediction for VR Video Streaming in 5G H-CRAN[J]. IEEE Access, 2019, 7: 134187-134197.

[99] Basaras P, Kucera S, Claussen H, et al. Multi-RAT Multicast 360 Video Delivery [A]// GLOBECOM 2020-2020 IEEE Global Communications Conference[C]. 2020: 1-6.

[100] Basaras P, Iosifidis G, Kucera S, et al. Multicast Optimization for Video Delivery in Multi-RAT Networks[J]. 2020, 68(8): 4973-4985.

[101] Perfecto C, Elbamby M S, Ser J D, et al. Taming the Latency in Multi-User VR 360: A QoE-Aware Deep Learning-Aided Multicast Framework[J]. 2020, 68(4): 2491-2508.

[102] Zhilong Z, Ma Z, Sun Y, et al. Wireless Multicast of Virtual Reality Videos With MPEG-I Format[J]. 2019, 7: 176693-176705.

[103] Eltobgy O, Arafa O, Hefeeda M. Mobile Streaming of Live 360-Degree Videos [J]. 2020, 22(12):3139-3152.

[104] Guo C, Cui Y, Liu Z. Optimal Multicast of Tiled 360 VR Video[J]. IEEE Wireless Communications Letters, 2019, 8(1): 145-148.

[105] Long K, Cui Y, Ye C, et al. Optimal Wireless Streaming of Multi-Quality 360 VR Video by Exploiting Natural, Relative Smoothness-enabled and Transcoding-enabled Multicast Opportunities[J]. IEEE Transactions on Multimedia, 2020: 1-1.

[106] Zhao Q, Mao Y, Leng S, et al. QoS-aware energy-efficient multicast for multi-view video with Fractional Frequency Reuse [A]// 2015 10th International Conference on Communications and Networking in China (ChinaCom)[C]. 2015: 567-572.

[107] Zhao Q, Mao Y, Leng S, et al. QoS-aware energy-efficient multicast for multi-view video in indoor small cell networks[A]// 2014 IEEE Global Communications Conference[C]. 2014: 4478-4483.

[108] Xu W, Wei Y, Cui Y, et al. Energy-efficient multi-view video transmission with view synthesis enabled multicast [A]// 2018 IEEE Global Communications Conference (GLOBECOM)[C]. 2018:1-7.

[109] Xu W, Cui Y, Liu Z. Optimal Multi-View Video Transmission in Multiuser Wireless Networks by Exploiting Natural and View Synthesis-Enabled Multicast Opportunities [J]. IEEE Transactions on Communications, 2020, 68 (3): 1494-1507.

[110] Hoydis J, Kobayashi M, Debbah M. Green Small-Cell Networks[J]. IEEE Vehicular Technology Magazine, 2011, 6(1): 37-43.

[111] Wang X, Chen M, Taleb T, et al. Cache in the air: exploiting content caching and delivery techniques for 5G systems[J]. IEEE Communications Magazine, 2014, 52 (2): 131-139.

[112] Tran T, Le D, Yue G, et al. Cooperative Hierarchical Caching and Request Scheduling in a Cloud Radio Access Network[J]. IEEE Transactions on Mobile Computing, 2018, PP(99): 1-1.

[113] Tran T X, Hajisami A, Pompili D. Cooperative Hierarchical Caching in 5G Cloud Radio Access Networks (C-RANs)[J]. IEEE Network, 2016.

[114] Zhang Z, Liu D, Yuan Y. Layered Hierarchical Caching for SVC-Based HTTP Adaptive Streaming over C-RAN[A]// Proc. IEEE Wireless Communications and NETWORKING Conference[C]. 2017: 1-6.

[115] Gkatzikis L, Sourlas V, Fischione C, et al. Clustered content replication for hierarchical content delivery networks[A]// 2015 IEEE International Conference on Communications (ICC)[C]. 2015: 5872-5877.

[116] Chen M, Saad W, Yin C, et al. Echo State Networks for Proactive Caching in Cloud-Based Radio Access Networks with Mobile Users[J]. IEEE Transactions on Wireless Communications, 2017,16(6): 3520-3535.

[117] Lopez-Perez D, Guvenc I, de la Roche G, et al. Enhanced intercell interference coordination challenges in heterogeneous networks [J]. IEEE Wireless Communications, 2011, 18(3): 22-30.

[118] Zhang Z, Liu D. A Distributed Scheduling Algorithm for Heterogeneous Cache-Enabled Small Cell Networks Using ADMM[A]// 2015 IEEE 82nd Vehicular Technology Conference (VTC2015-Fall) [C]. 2015: 1-5.

[119] Han T, Ansari N. A traffic load balancing framework for software-defined radio access networks powered by hybrid energy sources[J]. IEEE/ACM Transactions on Networking, 2015, 24(2): 1038-1051.

[120] Poularakis K, Tassiulas L. Code, Cache and Deliver on the Move: A Novel Caching Paradigm in Hyper-Dense Small-Cell Networks[J]. IEEE Transactions on Mobile Computing, 2017, 16(3):675-687.

[121] Wang R, Zhang J, Song S, et al. Mobility-aware caching in D2D networks[J]. IEEE Transactions on Wireless Communications, 2017, 16(8): 5001-5015.

[122] Liang B, Haas Z J. Predictive distance-based mobility management for PCS networks [A]// IEEE INFOCOM'99. Conference on Computer Communications. Proceedings. Eighteenth Annual Joint Conference of the IEEE Computer and Communications Societies. The Future is Now (Cat. No. 99CH36320)[C]. 1999: 1377-1384.

[123] Chen L, Zhou Y, Chiu D M. Smart Streaming for Online Video Services[J]. 2015, 17(4): 485-497.

[124] Cha M, Kwak H, Rodriguez P, et al. I tube, you tube, everybody tubes: analyzing the world's largest user generated content video system[A]// Proceedings of the 7th ACM SIGCOMM conference on Internet measurement[C]. 2007: 1-14.

[125] Tran T X, Pompili D. Octopus: A Cooperative Hierarchical Caching Strategy for Cloud Radio Access Networks[A]// 2016 IEEE 13th International Conference on Mobile Ad Hoc and Sensor Systems (MASS)[C]. 2016: 154-162.

[126] AT&T. AT&T network performance monitor[OL]. http://ipnetwork.bgtmo.ip.att.net/pws/network_delay.html.

[127] Global Crossing. Global Crossing network performance monitor [OL]. http://www.globalcrossing.com/network/network_performance_current.aspx.

[128] Wei T, Chang L, Yu B, et al. MPCS: A mobility/popularity-based caching strategy for information centric networks[A]// 2014 IEEE Global Communications Conference[C]. 2014: 4629-4634.

[129] Siris V A, Vasilakos X, Polyzos G C. Efficient proactive caching for supporting seamless mobility [A]// Proceeding of IEEE International Symposium on a World of Wireless, Mobile and Multimedia Networks 2014[C]. 2014: 1-6.

[130] Shen Y, Shi Y, Zhang J, et al. LORM: Learning to Optimize for Resource Management in Wireless Networks With Few Training Samples[J]. IEEE Transactions on Wireless Communications, 2020, 19(1): 665-679.

[131] Wang D, Han Z. Sublinear Algorithms for Big Data Applications [M]. Springer International Publishing, 2015.

[132] Yu C B, Hu J J, Li R, et al. Node fault diagnosis in WSN based on RS and SVM [A]// 2014 International Conference on Wireless Communication and Sensor Network[C]. 2014: 153-156.

[133] Burges C J. A tutorial on support vector machines for pattern recognition[J]. Data mining and knowledge discovery, 1998, 2(2): 121-167.

[134] Kalva H, Adzic V, Furht B. Comparing MPEG AVC and SVC for adaptive HTTP streaming[A]// 2012 IEEE International Conference on Consumer Electronics (ICCE)[C]. 2012: 158-159.

[135] Choi M, Kim J, Moon J. Wireless Video Caching and Dynamic Streaming Under Differentiated Quality Requirements [J]. IEEE Journal on Selected Areas in Communications, 2018, 36(6): 1245-1257.

[136] Huawei. White paper: Hosted Network Requirements oriented on VR Service [OL]. 2016. http://www.imxdata.com/archives/17346.

[137] Sukhmani S, Sadeghi M, Erol-Kantarci M, et al. Edge Caching and Computing in 5G for Mobile AR/VR and Tactile Internet[J]. IEEE MultiMedia, 2019, 26(1): 21-30.

[138] Wang H, Li R, Fan L, et al. Joint computation offloading and data caching with delay optimization in mobile-edge computing systems[A]// 2017 9th International Conference on Wireless Communications and Signal Processing (WCSP)[C]. 2017: 1-6.

[139] Dai J, Zhang Z, Liu D. Proactive Caching Over Cloud Radio Access Network With User Mobility and Video Segment Popularity Aware [J]. IEEE Access, 2018, 6: 44396-44405.

[140] Lee J T, Yang D N, Liao W. Efficient Caching for Multi-View 3D Videos[A]// 2016 IEEE Global Communications Conference (GLOBECOM)[C]. 2016: 1-7.

[141] Fehn C. Depth-image-based rendering (DIBR), compression, and transmission for a new approach on 3D-TV[A]// Stereoscopic Displays and Virtual Reality Systems XI[C]. 2004: 93-104.

[142] Chaurasia G, Sorkine O, Drettakis G. Silhouette-Aware Warping for Image-Based Rendering [A]// Computer Graphics Forum[C]. 2011: 1223-1232.

[143] Chaurasia G, Duchene S, Sorkine-Hornung O, et al. Depth synthesis and local warps for plausible image-based navigation[J]. ACM Transactions on Graphics (TOG), 2013, 32(3): 30.

[144] Wanner S, Goldluecke B. Variational light field analysis for disparity estimation and super resolution [J]. IEEE transactions on pattern analysis and machine intelligence, 2013, 36(3): 606-619.

[145] Yin X, Jindal A, Sekar V, et al. A Control-Theoretic Approach for Dynamic Adaptive Video Streaming over HTTP [J]. ACM Sigcomm Computer Communication Review, 2015, 45(5): 325-338.

[146] Hosseini M, Swaminathan V. Adaptive 360 VR video streaming: Divide and conquer [A]// 2016 IEEE International Symposium on Multimedia (ISM)[C]. 2016: 107-110.

[147] Graf M, Timmerer C, Mueller C. Towards bandwidth efficient adaptive streaming of omnidirectional video over http: Design, implementation, and evaluation[A]// Proceedings of the 8th ACM on Multimedia Systems Conference[C]. 2017: 261-271.

[148] Zare A, Aminlou A, Hannuksela M M, et al. HEVC-compliant tile-based streaming of panoramic video for virtual reality applications[A]// Proceedings of the 24th ACM international conference on Multimedia[C]. 2016: 601-605.

[149] Skupin R, Sanchez Y, Podborski D, et al. HEVC tile based streaming to head mounted displays[A]// 2017 14th IEEE Annual Consumer Communications & Networking Conference (CCNC)[C]. 2017: 613-615.

[150] Nguyen D V, Tran H T T, Pham A T, et al. An Optimal Tile-Based Approach for Viewport-Adaptive 360-Degree Video Streaming [J]. IEEE Journal on Emerging and Selected Topics in Circuits and Systems, 2019, 9(1): 29-42.

[151] Bao Y, Zhang T, Pande A, et al. Motion-Prediction-Based Multicast for 360-Degree Video Transmissions [A]// 2017 14th Annual IEEE International Conference on Sensing, Communication, and Networking (SECON) [C]. 2017: 1-9.

[152] Ahmadi H, Eltobgy O, Hefeeda M. Adaptive Multicast Streaming of Virtual Reality Content to Mobile Users [A]// Proceedings of the on Thematic Workshops of ACM Multimedia 2017[C]. New York, NY, USA: ACM, 2017: 170-178.

[153] Long K, Ye C, Cui Y, et al. Optimal Multi-Quality Multicast for 360 Virtual Reality Video[A]// 2018 IEEE Global Communications Conference (GLOBECOM) [C]. 2018: 1-6.

[154] Araniti G, Orsino A, Militano L, et al. Novel D2D-based relaying method for multicast services over 3GPP LTE-A systems [A]// Proc. 2017 IEEE Int. Symp. Broadband Multimedia Syst. Broadcast [C]. Cagliari, Italy: 2017: 1-5.

[155] Yin C, Wang Y, Lin W, et al. Device-to-device assisted two-stage cooperative multicast with optimal resource utilization[A]// Proc. IEEE Globecom Workshops 2014[C]. Austin, TX: 2014: 839-844.

[156] Santana T V, Combes R, Kobayashi M. Device-to-Device Aided Multicasting[A]// Proc. IEEE ISIT 2018 [C]. Vail, CO: 2018: 771-775.

[157] Mursia P, Atzeni I, Gesbert D, et al. D2D-Aided Multi-Antenna Multicasting[A]// ICC 2019-2019 IEEE International Conference on Communications (ICC) [C]. 2019: 1-6.

[158] Ntranos V, Sidiropoulos N D, Tassiulas L. On multicast beamforming for minimum outage[J]. IEEE Transactions on Wireless Communications, 2009, 8(6): 3172-3181.

[159] Mehanna O, Sidiropoulos N D, Giannakis G B. Joint Multicast Beamforming and Antenna Selection [J]. IEEE Transactions on Signal Processing, 2013, 61(10): 2660-2674.

[160] Khisti A, Erez U, Wornell G W. Fundamental limits and scaling behavior of cooperative multicasting in wireless networks[J]. IEEE Transactions on Information Theory, 2006, 52(6): 2762-2770.

[161] Sirkeci-Mergen B, Gastpar M C. On the Broadcast Capacity of Wireless Networks With Cooperative Relays[J]. IEEE Transactions on Information Theory, 2010, 56(8): 3847-3861.

[162] Chen Y, Zhu J, Khan T A, et al. CPU Microarchitectural Performance Characterization of Cloud Video Transcoding[A]// 2020 IEEE International Symposium on Workload Characterization (IISWC)[C]. 2020: 72-82.

[163] Kim Y, Huh J, Jeong J. Distributed Video Transcoding System for 8K 360 VR Tiled Streaming Service[A]// 2018 International Conference on Information and Communication Technology Convergence (ICTC)[C]. 2018: 592-595.

[164] Huang W, Ding L, Zhai G, et al. Utility-oriented resource allocation for 360-degree video transmission over heterogeneous networks[J]. Elsevier Digit. Signal Process., 2019, 84(1): 1-14.

[165] Sitzmann V, Serrano A, Pavel A, et al. Saliency in VR: How do people explore virtual environments? [J]. IEEE Transactions on Visualization and Computer Graphics, 2018, 24(4): 1633-1642.

[166] Monroy R, Lutz S, Chalasani T, et al. Salnet360: Saliency maps for omni-directional images with CNN[J]. Elsevier Signal Process.: Image Commun., 2018, 69: 26-34.

[167] Zhu C, Huang K, Li G. An Innovative Saliency Guided ROI Selection Model for Panoramic Images Compression[A]// 2018 Data Compression Conference[C]. 2018: 436-436.

[168] Zhang W, Wen Y, Chen Z, et al. Qoe-driven cache management for http adaptive bit rate (abr) streaming over wireless networks[A]// Global Communications Conference (GLOBECOM), 2012 IEEE[C]. 2012: 1951-1956.

[169] Zhang W, Wen Y, Chen Z, et al. QoE-driven cache management for HTTP adaptive bit rate streaming over wireless networks[J]. IEEE Transactions on Multimedia, 2013, 15(6): 1431-1445.

[170] Park J, Hwang J N, Li Q, et al. Optimal DASH-multicasting over LTE[J]. IEEE Transactions on Vehicular Technology, 2018, 67(5): 4487-4500.

[171] Yang J, Luo J, Meng D, et al. QoE-Driven Resource Allocation Optimized for Uplink Delivery of Delay-Sensitive VR Video Over Cellular Network[J]. IEEE Access J., 2019, 7: 60672-60683.

[172] Peaucelle, Dimitri and Henrion. User's guide for SeDuMi interface 1.04[OL]. 2002. http://homepages.laas.fr/peaucell/software/sdmguide.pdf.

[173] Awada A, Lang E, Renner O, et al. Field Trial of LTE eMBMS Network for TV Distribution: Experimental Results and Analysis[J]. IEEE Transactions on Broadcasting, 2017, 63(2): 321-337.

[174] 刘小卉.新一代视频编码标准 VVC/H.266 及其编码体系发展历程[J].现代电视技术,2021(03):136-139.

[175] Gupta R, Pulipaka A, Seeling P, et al. H.264 coarse grain scalable (CGS) and medium grain scalable (MGS) encoded video: A trace based traffic and quality eva! uation[J]. IEEE Trans. Broadcast., 2012,58(3): 428-439.

[176] 宋俊平,张梭,周旭,等.基于SVC的P2P流媒体系统研究综述[J].计算机应用研究,2013,30(4): 965-970.

[177] 王樟,柳健,田金文.空间可扩展视频编码中增强层上的帧内预测算法研究[J].中国图象图形学报,2008,13(4): 612-617.

[178] Wien W, Schwarz H, Oelbaum T. Performance Analysis of SVC[J]. IEEE Transactions on Circuits and System for Video Technology, 2007, 17(9): 1194-1203.

[179] 吴玥.H.264/AVC标准中可伸缩视频编码的算法研究[D].南京:南京邮电大学,2011: 5-29.

[180] Segall A, Sullivan G. Spatial Scalability Within the H.264/AVC Scalable Video Coding Extension[J]. IEEE Transactions on Circuits and Systems for Video Technology, 2007, 17(9): 1121-1135.

[181] Schierl T, Stockhammer T, Wiegand T. Mobile Video Transmission Using Scalable Video Coding[J]. IEEE Transactions on Circuits and Systems for Video Technology, 2007, 17(9): 1204-1217.

[182] 林煌达. D2D通信中视频多播传输机制研究[D].南京:南京邮电大学,2020:1-22.

[183] Nasrabadi A T, Mahzari A, Beshay J D, et al. Adaptive 360-Degree Video Streaming Using Scalable Video Coding[C]. ACM MM'17, 2017:1689-1697.

[184] Sun L, Duanmu F, Liu Y, et al. Multi-path Multi-tier 360-degree Video Streaming in 5G Networks[C]. ACM MMSys'18, 2018:162-173.

[185] Zhou C, Li Z, Osgood J, et al. On the Effectiveness of Offset Projections for 360-Degree Video Streaming[J]. ACM Trans. Multimedia Comput. Commun. Appl., 2018. 14(3s):1-24.

[186] Kuzyakov E, Pio D. 2015. Under the hood: Building 360 video. https://code.facebook.com/posts/1638767863078802/under-the-hoodbuilding-360-video/. (2015). Access date: April 2017.

[187] Kuzyakov E, Pio D. 2016. Next-generation video encoding techniques for 360 video and VR. https://code.facebook.com/posts/1126354007399553/next-generatio-videoencoding-techniques-for-360-video-and-vr/. (2016). Access date: April 2017.

[188] Kammachi-Sreedhar K, Aminlou A, Hannuksela M M, et al. Viewport-Adaptive Encoding and Streaming of 360-Degree Video for Virtual Reality Applications[C]. IEEE International Symposium on Multimedia, 2016:583-586.

[189] Ribezzo G, Samela G, Palmisano V, et al. A DASH Video Streaming System for Immersive Contents[C]. ACM MMSys'18, 2018:525-528.

[190] Kuzyakov E, Pio D. 2016. Next-generation video encoding techniques for 360 video and VR. https://code.facebook.com/posts/1126354007399553/next-generatio-videoencoding-techniques-for-360-video-and-vr/. (2016). Access date: April 2017.

[191] Alface P R, Macq J F, Verzijp N. Interactive Omnidirectional Video Delivery: A Bandwidth-Effective Approach[J]. Bell Labs Technical Journal, 2012, 16(4): 135-148.

[192] Qian F, Ji L, Han B, et al. Optimizing 360 video delivery over cellular networks[C]. ACM All things Cellular: Operations, Applications and Challenges, 2016: 1-6.

[193] Nasrabadi A T, Mahzari A, Beshay J D, et al. Prioritized Buffer Control in Two-Tier 360 Video Streaming[C]. ACM VR/AR Network'17, 2017:13-18.

[194] Liu X, Xiao Q, Gopalakrishnan V, et al. 360 Innovations for Panoramic Video Streaming [C]. ACM Hot Topics in Networks (HotNets'17), 2017:50-56.

[195] Guan Y, Zheng C, Zhang X, et al. Pano: optimizing 360°video streaming with a better understanding of quality perception[C]. ACM SIGCOMM, 2019: 394-407.

[196] Son J, Jiang D, Ryu E S. Implementing Motion-Constrained Tile and Viewport Extraction for VR Streaming[C]. ACM NOSSDAV'18,2018:61-66.

[197] Lee S, Jang D, Jeong J B, et al. Motion-constrained tile set based 360-degree video streaming using saliency map prediction[C]. ACM NOSSDAV'19, 2019.

[198] Bioglio V, Gabry F, Land I. Optimizing MDS Codes for Caching at the Edge [A]// 2015 IEEE Global Communications Conference (GLOBECOM)[C]. 2015: 1-6.

[199] Ding Y, Wang L, Wu H, et al. Tradeoff of content sharing efficiency and secure transmission in coded caching systems[A]// 2018 IEEE International Conference on Communications (ICC)[C]. 2018:1-6.

[200] Kumar S, i Amat A G, Rosnes E, et al. Private information retrieval from a cellular network with caching at the edge[J]. 2019, 67(7): 4900-4912.

[201] Zewail A A, Yener A. Combination Networks With or Without Secrecy Constraints: The Impact of Caching Relays[J]. 2018, 36(6): 1140-1152.

[202] Liao J, Wong K K, Zhang Y, et al. MDS Coded Cooperative Caching for Heterogeneous Small Cell Networks[A]// GLOBECOM 2017-2017 IEEE Global Communications Conference[C]. 2017: 1-7.

[203] Liu X, Zhao N, Yu F R, et al. Cooperative video transmission strategies via caching in small-cell networks[J]. 2018, 67(12): 12204-12217.

[204] Kim G, Hong B, Choi W, et al. MDS-coded caching leveraged by coordinated multi-point transmission[J]. 2018, 22(6): 1220-1223.

[205] Liao J, Wong K K, Khandaker M R, et al. Optimizing cache placement for heterogeneous small cell networks[J]. 2016, 21(1): 120-123.

[206] Gabry F, Bioglio V, Land I. On energy-efficient edge caching in heterogeneous networks[J]. 2016, 34(12): 3288-3298.

[207] Jia Q, Xie R, Huang T, et al. Energy-efficient cooperative coded caching for heterogeneous small cell networks [A]// 2017 IEEE Conference on Computer Communications Workshops (INFOCOM WKSHPS)[C]. 2017: 468-473.

[208] Han W, Liu A, Lau V K. Degrees of freedom in cached MIMO relay networks[J]. 2015, 63(15):3986-3997.

[209] Liu A, Lau V K. Cache-enabled opportunistic cooperative MIMO for video streaming in wireless systems[J]. 2013, 62(2): 390-402.

[210] Ibrahim A M, Zewail A A, Yener A. Coded Placement for Systems with Shared Caches[A]// ICC 2019-2019 IEEE International Conference on Communications (ICC)[C]. 2019: 1-6.

[211] Shanmugam K, Golrezaei N, Dimakis A G, et al. Femtocaching: Wireless content delivery through distributed caching helpers[J]. 2013, 59(12): 8402-8413.

[212] Liao J, Wong K, Zhang Y, et al. Coding, Multicast, and Cooperation for Cache-Enabled Heterogeneous Small Cell Networks[J]. 2017, 16(10): 6838-6853.

[213] Zhang T, Xiao L, Yang D, et al. Optimal Pricing for MDS-Coded Caching in Wireless D2D Networks[J]. 2018, 2018.

[214] Piemontese A, i Amat A G. MDS-coded distributed caching for low delay wireless content delivery[J]. 2018, 67(2): 1600-1612.

[215] Piemontese A, Graell i Amat A. MDS-Coded Distributed Caching for Low Delay Wireless Content Delivery[J]. 2019, 67(2): 1600-1612.

[216] Kim W J, Lee H S, Kim D I. Cache-induced hybrid CoMP in wireless video streaming networks [A]// 2014 IEEE International Conference on Advanced Networks and Telecommuncations Systems (ANTS)[C]. 2014: 1-6.

[217] Roushdy A, Motahari A S, Nafie M, et al. Cache-aided fog radio access networks with partial connectivity [A]// 2018 IEEE Wireless Communications and Networking Conference (WCNC)[C]. 2018:1-6.

[218] Song J, Choi W. Exploiting mobility to content placement in D2D caching systems [A]// 2019 IEEE 20th International Workshop on Signal Processing Advances in Wireless Communications(SPAWC)[C]. 2019: 1-5.

[219] Pedersen J, i Amat A G, Andriyanova I, et al. Optimizing MDS coded caching in wireless networks with device-to-device communication[J]. 2018, 18(1): 286-295.

[220] Ozfatura E, G nd z D. Mobility and Popularity-Aware Coded Small-Cell Caching [J]. 2018, 22(2):288-291.

[221] Poularakis K, Tassiulas L. Code, cache and deliver on the move: A novel caching paradigm in hyper-dense small-cell networks[J]. 2016, 16(3): 675-687.

[222] Zhan C, Yao G. Optimizing Caching Placement for Mobile Users in Heterogeneous Wireless Network[A]// 2017 IEEE 42nd Conference on Local Computer Networks (LCN)[C]. 2017: 175-178.

[223] Poularakis K, Tassiulas L. Code, Cache and Deliver on the Move: A Novel Caching Paradigm in Hyper-Dense Small-Cell Networks[J]. 2017, 16(3): 675-687.

[224] Ozfatura E, Gündüz D. Mobility-aware coded storage and delivery[A]// WSA 2018; 22nd International ITG Workshop on Smart Antennas[C]. 2018: 1-6.

[225] Liu X, Zhang J, Zhang X, et al. Mobility-aware coded probabilistic caching scheme for MEC-enabled small cell networks[J]. 2017, 5: 17824-17833.

[226] Wu H, Chen J, Lyu F, et al. Joint Caching and Trajectory Design for Cache-Enabled UAV in Vehicular Networks[A]// 2019 11th International Conference on Wireless Communications and Signal Processing (WCSP)[C]. 2019: 1-6.

[227] Chen J, Xu W, Cheng N, et al. Reinforcement Learning Policy for Adaptive Edge Caching in Heterogeneous Vehicular Network[A]// 2018 IEEE Global Communications Conference (GLOBECOM)[C]. 2018: 1-6.

[228] Zhao J, Liu Y, Chai K K, et al. Many-to-Many Matching With Externalities for Device-to-Device Communications[J]. 2017, 6(1): 138-141.

[229] Shao H, Zhao H, Sun Y, et al. QoE-Aware Downlink User-Cell Association in Small Cell Networks: A Transfer-matching Game Theoretic Solution With Peer Effects[J]. 2016, 4: 10029-10041.

[230] Di B, Song L, Li Y. Sub-Channel Assignment, Power Allocation, and User Scheduling for Non-Orthogonal Multiple Access Networks[J]. 2016, 15(11): 7686-7698.

[231] Bodine-Baron E, Lee C, Chong A, et al. Peer effects and stability in matching markets[A]// International Symposium on Algorithmic Game Theory[C]. 2011: 117-129.

[232] Di B, Song L, Li Y. Sub-Channel Assignment, Power Allocation, and User Scheduling for Non-Orthogonal Multiple Access Networks[J]. 2016, 15(11): 7686-7698.

[233] Zhao J, Liu Y, Chai K K, et al. Many-to-Many Matching With Externalities for Device-to-Device Communications[J]. 2017, 6(1): 138-141.

[234] Wang B, Kong Q, Liu W, et al. On efficient utilization of green energy in heterogeneous cellular networks[J]. 2015, 11(2): 846-857.

[235] Ye G, Zhang H, Liu H, et al. Energy Efficient Joint User Association and Power Allocation in a Two-Tier Heterogeneous Network[A]// 2016 IEEE Global Communications Conference (GLOBECOM)[C]. 2016: 1-5.

[236] Tan Z, Li X, Yu F R, et al. Joint Access Selection and Resource Allocation in Cache-Enabled HCNs with D2D Communications[A]// 2017 IEEE Wireless Communications and Networking Conference (WCNC)[C]. 2017: 1-6.

附录 A 定理 5.1 的证明

证明：假设有一个最优算法可以对问题(5-19)进行求解。令 $\mathcal{S}_r^{\mathrm{opt}}$ 和 $\mathcal{S}_r$ 分别表示采用最优算法和表 5-4 来最终选择的背包 r 的物品集合，$g_v(\cdot)$ 和 $g_w(\cdot)$ 分别表示某一物品或某一集合的价值函数和重量函数。显然，如果 NG-RAN 中本地缓存容量足够大，所提算法能够缓存视频库中所有版本的视频，并且可以实现最佳性能。当然，在一般情况下，本地缓存无法存储所有视频。在这种情况下，证明如下：

假定 $\mathcal{O}$ 中的物品单位价值已按递减顺序排序。令 a_i 为填充 $\mathcal{S}_0$ 时的第一个排除物品，如 $g_w(\{a_1,\cdots,a_{i-1}\}) \leqslant C_0$ 和 $g_w(\{a_1,\cdots,a_i\}) > C_0$。让 $\mathcal{S}_0^{\dagger} := \{a_1,\cdots,a_{i-1}\}$ 和 $\mathcal{S}_0^{\ddagger} := \mathcal{S}_0^{\dagger} \cup \{a_i\}$。相似地，对于每个背包 $r(r \in \mathcal{R})$，根据背包 r 中的值，以 $\mathcal{O} \backslash \mathcal{S}_0^{\ddagger}$ 中的物品按降序排列。假设 c_r^i 是背包 r 的第一个排除物品。设 $\mathcal{S}_r^{\dagger} := \{c_r^1,\cdots,c_r^{i-1}\}$ 和 $\mathcal{S}_r^{\ddagger} := \mathcal{S}_r^{\dagger} \cup \{c_r^i\}$。明显地，$g_w(\mathcal{S}_r^{\ddagger}) > C_r, \forall r \in \mathcal{R} \cup \{0\}$。

如果将 $b_{r,f,l,k} \in \{0,1\}$ 中的二进制约束放宽到 $b_{r,f,l,k} \in [0,1]$ 中，则式(5-19)可以被视为线性规划问题，其最优解是 $\sum_{r \in \mathcal{R} \cup \{0\}} g_v(\mathcal{S}_r^{\mathrm{opt}})$ 的上限。如果通过解线性规划将背包 r 的容量扩展到 $g_w(\mathcal{S}_r^{\ddagger})$，可以很容易地获得 $\mathcal{S}_r^{\ddagger}$ 是最优解。这样，有 $\sum_{r \in \mathcal{R} \cup \{0\}} g_v(\mathcal{S}_r^{\ddagger}) \geqslant \sum_{r \in \mathcal{R} \cup \{0\}} g_v(\mathcal{S}_r^{\mathrm{opt}})$。

综上所述，SimPrioCaching 算法至少能提供 1/2 最优解的近似比。

附录 B 定理 6.1 的证明

证明：考虑同时满足以下三个条件的情况：

(1) 不同 DU 服务的用户分别关注不同 VR 视频文件的不同部分；

(2) 请求的视场属于新视频段；

(3) 请求视场的流行度低于已缓存视场的流行度。

显然，这是 MMD 在线算法性能最差的情况，既无法利用 NG-RAN 的协作功能，也无法基于 DU 间的数据相似性进行视场合成，因此可以达到最大近似比。

在这种情况下，原始问题（6-21）可分为 $|\mathcal{R}|+1$ 个独立的背包问题。用 $S_i = \{a_{i,1}, a_{i,2}, a_{i,t}, \cdots, a_{i,T_i}\}$ 表示 DU（背包）i ($1 \leq i \leq |\mathcal{R}|+1$) 中所请求的视场集（选中的物品），其中包括 $T_i(2 < T_i \leq C_R)$ 个请求。对于任意请求视场 $a_{i,t}$，从 VR 视频源服务器传输的时间成本可以表示为函数 $f(a_{i,t})$（物品价值）。需要说明的是，为简化起见，此时忽略了其他时间成本，如视场合成等待时间等。$C_i(0 \leq C_i \leq C_R)$ 表示 DU i 的剩余缓存空间。显然，如果 $C_i = 0$ 或 $C_i = 1$，则在线算法与离线算法的性能相同，因为这两种算法都没有机会利用视场合成，并且所有请求的视场都应由 VR 视频源传输给用户。

对于其他 C_i，证明如下（假设视场合成范围为 2，即参考视场距离为 2）。

(1) $2 \leq C_i \leq T_i/2$.

对于 KP 离线算法，最佳情况下，将根据 $\lceil T_i/2 \rceil$ 个视场选择其视场距离（物品重量）进行传输。例如，第 i 个背包中有 5 个连续请求的视场，表示为 $S_i = \{(0,0), (0,1), (0,2), (0,3), (0,4)\}$，由于有关用户请求的所有先验知识是已知的，因而此时需要传输的最优视场方案集 S^O 应该包含三个视场，如 $\{(0,0), (0,2), (0,4)\}$。但在最坏情况下，在线算法中需要传输所有 T_i 请求的视场。假设将传输视场集表示为 $S_i^{\dagger}$，则 $S_i^{\dagger} = S_i$。

令 $\mathcal{P}_i^O(S_i^O)$ 和 $\mathcal{P}_i^{\dagger}(S_i^{\dagger})$ 表示离线结果和在线结果。有

$$\mathcal{P}_i^O(S_i^O) = \sum_{t=1}^{\lceil T/2 \rceil} f(a_{i,2t}) \tag{B-1}$$

和

$$\mathcal{P}_i^{\dagger}(S_i^{\dagger}) = \sum_{t=1}^{T_i} f(a_{i,t}) \tag{B-2}$$

式中，$\lceil x \rceil$ 表示大于或等于 x 的最小整数。

近似比 $\nabla^{\dagger}$ 可以通过下式计算得到：

$$\begin{aligned}\nabla^{\dagger} &= \frac{\sum_{i=1}^{|\mathcal{R}|+1} \mathcal{P}_i^{\dagger}(S_i^{\dagger})}{\sum_{i=1}^{|\mathcal{R}|+1} \mathcal{P}_i^{O}(S_i^{O})} \\ &= \frac{\sum_{i=1}^{|\mathcal{R}|+1} \sum_{t=1}^{T_i} f(a_{i,t})}{\sum_{i=1}^{|\mathcal{R}|+1} \sum_{t=1}^{\lceil T_i/2 \rceil} f(a_{i,2t})} \\ &\leqslant \frac{\sum_{i=1}^{|\mathcal{R}|+1} T_i \cdot f_{i,\max}}{\sum_{i=1}^{|\mathcal{R}|+1} \frac{T_i}{2} \cdot f_{i,\max}} = 2\end{aligned} \quad \text{(B-3)}$$

式中，$f_{i,\max}$ 是所有 $f(a_{i,t})$ 的最大值。

(2) $C_i \geqslant T_i/2+1$。

在这种情况下，离线结果等于 $\mathcal{P}_i^{O}(S_i^{O})$。对于在线算法，当 $C_i \geqslant T_i/2+1$ 时，至少可以应用一次视场合成，而不需要传输所有请求的 T_i，因而其结果 $\mathcal{P}_i^{\ddagger}(S_i^{\ddagger})$ 始终小于 $P_i^{\dagger}(S_i^{\dagger})$。此时，近似比 $\nabla^{\ddagger}$ 可计算如下。

$$\begin{aligned}\nabla^{\ddagger} &= \frac{\sum_{i=1}^{|\mathcal{R}|+1} \mathcal{P}_i^{\ddagger}(S_i^{\ddagger})}{\sum_{i=1}^{|\mathcal{R}|+1} \mathcal{P}_i^{O}(S_i^{O})} \\ &< \frac{\sum_{i=1}^{|\mathcal{R}|+1} \mathcal{P}_i^{\dagger}(S_i^{\dagger})}{\sum_{i=1}^{|\mathcal{R}|+1} \mathcal{P}_i^{O}(S_i^{O})} \\ &= \nabla^{\dagger}\end{aligned} \quad \text{(B-4)}$$

最后，有

$$\nabla = \max(\nabla^{\dagger}, \nabla^{\ddagger}) = 2 \quad \text{(B-5)}$$

附录 C 缩略语表

2-D,Two-Dimension,二维
3GPP,The 3rd Generation Partnership Project,第三代合作伙伴计划
5G,the Fifth Generation,第五代移动通信系统

AP,Access Point,接入点
AR,Augmented Reality,增强现实

BBU,Baseband Unit,基带单元
BS,Base Station,基站

C-RAN,Cloud Radio Access Network,云无线接入网络
CDF,Cumulative Density Function,累积分布函数
CMC,Cache Management Controller,缓存管理控制器
CPRI,Common Public Radio Interface,通用公共无线接口
CU,Central Units,中心单元

D2D,Device to Device,设备到设备
DIBR,Depth Image Based Rendering,基于深度图像的渲染
DU,Distributed Units,分布式单元

EE,Energy Efficiency,能量效率

F-RAN,Fog Computing based Radio Access Network,雾无线接入网络架构
FoV,Field of Vision,视场

HC-RAN,Hybrid Cloud Radio Access Network,异构云无线接入网络架构
HMD,Head Mounted Device,头戴式设备

ICN,Information Centric Networking,信息中心网络
ILP,Integer Linear Programming,整数线性规划问题

KP, Knapsack Problem, 背包问题

LFU, Least Frequently Used, 最不经常使用
LMI, Linear Matrix Inequality, 线性矩阵不等式
LP, Linear Programming, 线性规划
LRU, Least Recently Used, 最近最少使用
LSM, Liquid Status Machine, 液态状态机
LTE, Long Term Evolution, 长期演进

MBS, Macro Base Station, 宏蜂窝基站
MINLP, Mixed Integer Non-Linear Programming, 混合整数非线性规划
ML, Machine Learning, 机器学习
MSM, Multiple Session Multicast, 多会话多播

NFV, Network Functions Virtualization, 网络功能虚拟化
NG-RAN, Next Generation Radio Access Networks, 下一代无线接入网
OFDMA, Orthogonal Frequency Division Multiple Access, 正交频分多址接入
PDF, Probability Density Function, 概率密度函数
QoE, Quality of Experiment, 体验质量

RBF, Radial Basis Function, 径向基函数
RRH, Remote Radio Head, 射频拉远单元

SBS, Small Base Station, 小蜂窝基站
SE, Spectrum Efficiency, 频谱效率
SL, Sidelink, 侧链
SNR, Signal Noise Ratio, 信噪比
SVC, Scalable Video Coding, 可伸缩视频编码
SVM, Supported Vector Machine, 支持向量机

UAV, Unmanned Aerial Vehicle, 无人机
UE, User Equipment, 用户设备

V2X, Vehicle to Everything, 车辆无线通信
VR, Virtual Reality, 虚拟现实